胡森林 **主编** 刘伟 **著**

# 调研报告写作
# 全能一本通

RESEARCH REPORT WRITING

## 成文步骤 + 实战技巧 + 精选案例

人民邮电出版社

北京

**图书在版编目（CIP）数据**

调研报告写作全能一本通：成文步骤+实战技巧+精
选案例 / 胡森林主编；刘伟著. -- 北京：人民邮电出
版社，2024.7
ISBN 978-7-115-64049-9

Ⅰ. ①调… Ⅱ. ①胡… ②刘… Ⅲ. ①调查报告－写
作 Ⅳ. ①H152.3

中国国家版本馆CIP数据核字(2024)第063118号

## 内 容 提 要

调研报告是调查研究工作的成果体现，也是科学决策的有效载体。本书将写作理论与
调研实务相结合，引入"全生命周期"理念，通过通俗、精练的语言和生动、丰富的案例
来讲述调研报告写作的全过程，并对构思酝酿、谋篇布局、写作成稿每一个阶段的要领、
注意事项及涉及的方法论逐一介绍，全景呈现。本书每一章节的内容互为支撑，又自成体
系，具有较强的指导性、实用性和方法论价值，是一本读起来不累、用起来可行的工具书。

本书适合各级党政机关领导干部、企事业单位决策管理者、高校及科研机构研究人员、
调查研究一线工作人员，以及对调查研究领域感兴趣的社会各界人士阅读。

◆ 主　　编　胡森林
　　著　　　刘　伟
　　责任编辑　孙燕燕
　　责任印制　周昇亮
◆ 人民邮电出版社出版发行　　北京市丰台区成寿寺路 11 号
　　邮编　100164　　电子邮件　315@ptpress.com.cn
　　网址　https://www.ptpress.com.cn
　　涿州市般润文化传播有限公司印刷
◆ 开本：720×960　1/16
　　印张：10.25　　　　　　　　2024 年 7 月第 1 版
　　字数：113 千字　　　　　　2025 年 10 月河北第 3 次印刷

定价：59.80 元

读者服务热线：(010)81055296　印装质量热线：(010)81055316
反盗版热线：(010)81055315

# 总　序

　　调查研究是决策之基、成事之道，是中国共产党的优良传统，也是做好各项工作的基本功。老一辈无产阶级革命家、党和国家领导人都在这方面树立了光辉的典范。注重调查研究、做好调查研究，也是各行各业决策者和管理者、政策制定者以及广大研究人员的必修课。

　　调查研究作为一项系统性、创造性的工作，其中有两个非常重要的阶段。一是开展调查研究阶段，主要是"动脚""动嘴"的阶段，需要科学的理念和方法作为保证。不断总结、丰富、完善调查研究方法论，是提高调查研究实效的重要举措。二是撰写调研报告阶段，主要是"动脑""动笔"的阶段，需要掌握有效的写作方法。了解不同类型的调研报告的写作思路和要领，将调研成果转化为文字，是确保调研工作取得良好成效的基础。同时，这两个阶段对广大从事调查研究工作的人来说，也是需要提升自身本领的关键和难点。

　　在全党、全国大兴调查研究之风的背景下，顺应广大读者对开展调查研究和掌握撰写调研报告的基本知识与方法的需求，我们编写了《调查研究方法全能一本通：实用理论＋实务指南＋实例解读》《调研报告写作全能一本通：成文步骤＋实战技巧＋精选案例》，试图帮助读者提高前述两个阶段的能力与本领，以更好地开展调研工作和撰写调研报告，更好地在各自的岗位破解难题，优化决策，推动工作。

本套书由胡森林主编，其负责思路设计、方向指导和内容统筹，曹原负责编写《调查研究方法全能一本通：实用理论＋实务指南＋实例解读》，刘伟负责编写《调研报告写作全能一本通：成文步骤＋实战技巧＋精选案例》。我们力求在编写理念、方法和体例上富于特色、有所创新，注重增强内容的可读性和可用性。但由于水平和视野有限，书中难免存在诸多不足，恳请读者谅解和指正。

胡森林

2024 年春于北京

# 前　言

调研报告作为发挥以文辅政作用、推动问题解决的重要载体，其意义和作用不言而喻。学会并善于将调查研究成果借助于书面语言文字表述出来，形成具有说服力、可操作性强、能转化应用的调研文章，为领导机关实施科学决策提供参考依据，已成为各级各类党政军群机关、企事业单位工作者的基本功。

本书围绕如何撰写高质量调研报告这一主题来展开论述，具有以下几个方面的特点。

一是追求理念创新。本书跳出调研报告写作谈写作，引入"全生命周期"理念，更加贴合调研报告写作的过程逻辑，不局限于调研报告执笔写作本身，将调研报告写作的全流程进行逐一细化，分解为写作准备、提纲搭建、初稿起草、统稿、修改打磨、核稿成稿等阶段，将视野向前、向后分别延伸，前端拓展至基于调查研究过程的分析、构思，用了较多篇幅介绍如何领会领导意图、消化素材资料、斟酌报告选题、酝酿提纲框架，乃至搭建写作班底等，下足"磨刀"功夫，更好地衔接调研过程，与同一套系的《调查研究方法全能一本通：实用理论＋实务指南＋实例解读》一书形成呼应，只为"不误砍柴工"；后端拓展至调研报告文稿的审改校核、征求意见、成果转化应用，下足"绣花"功夫，助力高质量调研报告成果的出炉和决策参考。

二是追求方法创新。本书区别于市面上众多的同类书籍，聚焦调研报告写作实务，注重教以方法、授之以渔，少讲"是什么"、多谈"怎么做"，着力在内容的实用性和可操作性上做文章——既有纲目框架"全景图"的勾勒方法，又有细枝末节"特写照"的把握技巧；既有不同类型的调研报告起草规范的横向铺展，又有调研报告不同"部位"写作要领的纵深解剖。在一套总的写作方法之下，本书将调研报告撰写过程中的相关要求掰开、揉碎，讲深、谈透，又详细展开了主题甄选方法、素材筛选方法、提纲搭建方法、初稿统筹方法、修改打磨方法、文稿校核方法、成果转化方法等系列的二级、三级子方法，可谓一册纵横阐述调研报告写作全过程的方法论。

三是追求体例创新。本书打破以往公文写作类书籍"概念阐释＋结构解析＋例文呈现"的惯用模式，淡化理论知识介绍，全书通篇侧重"方法讲授＋案例赏析"，将作者自身多年来参与调查研究及调研报告写作的经验之谈，用相对简洁明快、生动形象的语言输送给广大读者。在总体章节结构安排上，第二章至七章介绍各个阶段的方法，第八章精选和详析两篇优秀调研报告例文；在章节内部体例安排上，同样追求方法与范例的相辅相成、相得益彰，且注重读者阅读过程的角色代入感、读后的参考实用性。通过学习本书，作者希望能更好地帮助读者掌握写作规范和技法，从更广的视角、更高的站位，提高读者对调研报告写作应具备的能力、素养的认识水平和培育意识。

囿于视野和学力，书中疏漏之处在所难免，恳请专家、同行和广大读者提出宝贵意见，以便不断改进提高。

在写作书稿的过程中，作者援引了有关权威期刊和官方网站的调研报告案例，在此对相关媒体和作者表示谢忱。希望本书能成为调研报告写作路上各位同仁的有益助手！

刘伟

2024 年 2 月于岳麓山

# 目　录

# 第一章
# 调研报告概述

调查研究是认识世界和改造世界的基本手段，是各级各类组织解决问题、推动工作的重要前提和保证。无论是党政机关还是企事业单位，调查研究能力始终在干部职工能力素质体系中占有重要地位，调研报告可以说是常见常用、应知应会的一类应用写作文体。职场人士要想增强能力和素养，就必须提高调查研究能力，并学会撰写高质量的调研报告。

## 一、调研报告的起源

开展调查研究及递交成果报告的工作制度在我国源远流长，可追溯至西周的采风制度。所谓采风，就是周王朝通过天子巡守、专人调查和逐级上报等多种方式，定期深入民间，观察民风、民俗、民情、民意，了解民众对国家政治制度的意见，发现国家管理中的过失，从中"观风俗，知得失，自考正也"，以此作为王室及时调整"驭民"政策的依据。

这里的"专人调查"便是建立专门的"采风"队伍，朝廷指定的采风官员叫"行人"，有"大行人""小行人"及其下属"行夫"若干。

同时，朝廷还从民间年长者中遴选基层采风人员，"男年六十，女年五十无子者，官衣食之，使之民间求诗"。这些采风者犹如今天的专职"调研员"。

这里的"逐级上报"，即朝廷实行的定期采风并逐级上报民风、民俗、民情、民意制度，行人例行采风后，将采风所得首先上报给周王室主管调查工作的"太师"，再由"太师"处理后"以闻于天子"；而那些基层采风人员，需将采风所得"乡移于邑，邑移于国，国以闻于天子"。由此，统治者即可"不出牖户而知天下"，获取大量采自民间的原始、鲜活的风俗民情资料，以资政务。这些报送的"采风所得"形态便可类比于如今的调研报告。

## 二、调研报告的定义与特点

调研报告文体"是什么"，与其他文体相比有何特点和性质，这是在学写调研报告之前需要首先弄明白的问题。概念清晰、认知准确，有助于调研人员在正式撰写调研报告中把准方向，使调研报告文本更加得体、有范。

### （一）调研报告的定义

调研报告，又称调研报告或调查研究报告，是党政机关、企事业单位、人民团体等各级各类组织及其领导者出于决策和实施管理的需要，或者有关职能部门、综合部门以及媒体、智囊机构为给领导提供决策参考依据，对某一事件、情况、问题或经验进行深入细致的调查、采访，在占有丰富的第一手材料、做出科学分析研究的基础上，写出的反映客观事物面貌、本质与规律的常用文书。

　　调研报告是一种陈述性的应用文体，是调研人员集体智慧的结晶，是调研成果的最终体现，也是智囊部门发挥参谋助手作用、履行以文辅政职责的重要途径。简而言之，所谓调研报告，就是根据调查研究的成果写成的书面报告。调查是报告的基础和依据，报告是调查的反映和体现。

## （二）调研报告的特点

　　调研报告内容的覆盖面极为广泛，涉及社会生活的各个领域。无论是社会问题、经济问题、历史问题，还是典型经验、事实真相和新生事物等，都可以作为调研报告的反映对象。其调查范围，可以是一个地区、一个系统、一个单位、一个人，也可以是部分地区、多个系统、若干单位、某些群体。其调查的事件或问题，可以大至国家的方针政策或重要的社会问题，小至一个侧面的具体工作或人们日常生活中的一些琐事。但无论何种类型的调研报告，一般都具有以下基本特点。

### 1. 内容的真实性

　　真实是调研报告首要的、最大的特点，是相关人员在报告写作过程中要把握的基本原则，也是确保调研报告观点正确的基础，是调研报告具有实用性、科学性和生命力、感召力的关键。实际存在和发生的真人、真事、真问题是调研报告的写作基础；而由真实材料分析引发的结论，则是调研报告的价值所在。写入调研报告的资料，包括历史资料、现实材料、统计数据和典型事例等，都必须出之有据、准确无误，不能道听途说、想当然，不可主观臆断、妄加引申，不做不切实际的渲染。只有始终坚持求真务实的态度，尊重客观实际，不带主观色彩，通过大量的数据和事实依据呈现调研对象的本来面目，将情况真实、问题真实、素材真实、反映真实的要求贯穿调研报告撰写的全过程，为受众提供准确的信息，使受众能够准确地了解问题的实质，做出科学研判的调研报告才是遵循客观规律、真正解决问题的报告。真实性差，调研报告的基石就立不住，也就必然经不起实践和时间的检验。

### 2. 问题的针对性

无论是前期开展调查研究，还是后期撰写调研报告，出发点和落脚点都是要回答现实工作生活中迫切需要解决的问题，不是为了调研而调研、为了报告而报告。调研报告的问题导向非常鲜明，都是紧紧围绕形势任务和中心工作，聚焦职能职责范围内出现的新情况、新经验、新问题，瞄准社会热点和群众"急难愁盼"事项，从工作的实际需要出发，从客观存在的问题着手，有针对性地进行事实调查和分析研究，对症下药地提出对策措施，有的放矢地解决问题。调研报告的目的越明确，针对性越强，其价值也就越大，影响也就越广。缺乏针对性的调研报告，味同嚼蜡，没有人愿意看。这就要求我们切实把解决问题作为撰写调研报告的根本目的，贯穿调查研究和调研报告撰写的始终。

### 3. 选材的典型性

一场调查研究下来，必然会获得数量庞大的素材资料。最终在调研报告中利用哪些、呈现多少、选谁不选谁，这就取决于素材的典型程度如何了。调研报告十分注重典型的选择，要从调查得来的众多材料中选取最能说明问题的材料来组织成文。一方面是调查对象典型，

具有代表性和普遍意义，能发挥以局部反映全局的作用和以"点"带
"面"的指导作用。另一方面是获取材料典型，有能揭示事物本质和发
展规律的典型事例和数据。材料的典型性越强，对工作的指导作用就
越大。典型材料是引出结论的基础。因为只有反映对象的典型性，才
能揭示问题的本质，才有说服力，从而起到推动工作的作用。

### 4. 研究的科学性

一般来说，调研报告偏重于反映较为重大的题材，反映社会的热
点问题和人民群众普遍关心的问题。方法不科学，研究不深入，形成
的调研报告就难以透过现象和事物的表面，准确地把握其本质，深刻
地揭示事物发展变化中的主要矛盾，或引发读者深入地思考，或给人
以思想的启迪。这种科学性，体现在调查研究的方法和对事实材料的
分析方面。调研人员要根据调查的目的和具体内容，根据千差万别的
调查对象和大小不同的调查范围选取适当的调查方法，如观察法、问
卷法、座谈交流法、普查法、抽样调查法、典型调查法等，科学地进
行统计、分析和研究，从中寻找材料间的本质联系和事物发展的规律，
从而提炼富于思想性和科学性的主题观点，以实现调研报告的社会
价值。

### 5. 表达的叙议结合性

调研报告要反映客观事物的面貌、状态，是对事实的简明概括，
不仅要力求完整清晰地反映事实，又要研究探寻其本质与规律，提出
自己的观点，表明自己的主张态度，在语言表达上形成叙议结合的特
征，纯粹的叙事或完全的论说道理都不是调研报告的风格。在写作过
程中，调研报告多以叙述介绍事实、说明情况，以议论剖析事实、阐

明观点；或先叙后议，得出结论；或夹叙夹议，撮要点睛。以叙为主，以议为辅，将二者紧密结合，形成观点与材料有机统一的整体。

### 6. 文体的多栖性

调研报告是一种特殊的文体材料，具有多重属性、多种身份。用于新闻调查，它是新闻文体；用于服务领导决策，它是机关事务文书；用于市场调查，它是经济文书；用于现场勘查，它是法律文书；用于学术研究，它是学术论文。

## 三、调研报告的分类

调研报告的种类繁多，从不同的维度、依不同的标准，可以细分成诸多类型。这里主要根据调研内容涉及范围、调研对象、调研报告功能的不同，对调研报告的主要类别做简要介绍。

### （一）按照调研内容涉及范围不同分类

按照调研内容涉及范围不同，可分为综合性调研报告、专题调研报告。

### 1. 综合性调研报告

综合性调研报告是各级各类机关和领导者为掌握全面情况，制定规划和计划，部署年度工作任务，在进行全面调查研究的基础上形成的调研报告。这种调研报告的主题较为宏观，形成周期较长，投入力量较多，往往由领导挂帅，各部门组成联合调研组，采取跑面与蹲点结合的方法进行广泛深入的调研，调研内容的综合性和宏观性是其最鲜明的特点，如《关于乡村产业振兴实施情况的调研报告》。

**2. 专题调研报告**

专题调研报告通常用于反映某个时期、某个单位、某项工作、某个方面的重要典型、主要经验、突出矛盾、薄弱环节和对策建议，选题视角相对微观、具体，这也是日常工作中比较常用的一种类型，如《高层次文艺人才发展现状专题调研报告》《关于"巴掌田"现象制约乡村振兴情况调研报告》。

**（二）按照调研对象不同分类**

按照调研对象不同，可分为反映社会情况的、总结典型经验的、揭露问题的、推介新生事物的、提出对策建议的等调研报告。

**1. 反映社会情况的调研报告**

这类调研报告比较全面、系统地反映了社会生活的某一方面，或某一地区、某一领域、某项工作的基本状况，举凡政治、经济、文化、教育、科技、人口、宗教、思想以及有关方针、政策的贯彻执行情况等，如人生观、消费、住房、婚姻、就业等诸多项目的调查，均可利用这种调研报告加以反映。其主要功能是为领导或上级机关掌握实情、摸清底细、研究对策、指导工作提供基础性情况，供领导决策或在制定有关政策、措施时作为参考依据。例如，《2023 年春节后湖南制造业企业复工返岗情况调研报告》《陕西舞台艺术创作发展现状调研报告》《关于北京广东开展城市生活垃圾分类处理情况的调研报告》。

**2. 总结典型经验的调研报告**

这类调研报告在选定典型并深入调查的基础上，总结和反映其具有代表性的经验或有榜样示范意义的人和事，供有关单位和人员学习借鉴，以"点"带"面"，指导全局工作。例如，《关于国有企业人事制度改革及建立经营管理者激励与约束机制的调研报告》。这种调研报告不同于先进事迹材料，它不需要罗列很多事迹，而是要着眼于指导工作需要，从诸多事迹中总结出具有普遍指导意义的经验做法，其经验一般都具有典型性、指导性和启发性，加以推广，可以回答人们关心而又无法解答的问题，推动工作开展。

### 3. 揭露问题的调研报告

这类调研报告的主要内容是对工作中存在的较为普遍的消极现象、不良倾向的调查分析及所提出的对策建议，主要是披露社会生活中存在的违背国家和人民利益、不利于社会进步的现象与弊端，剖析问题的性质及产生原因，指出其危害，以引起领导和有关方面重视并藉以教育干部群众，有的还针对性地提出建议，促进问题的最终解决。根据问题性质不同，调研报告可细分为反映倾向性问题的调研报告，如《××市××区关于旱厕改造中民情民意的调查与思考》《××地区非法网吧现状调研报告》等；反映事故案件的调研报告，如《关于××县××乡擅自占用集体农用地建商住房案件的调研报告》；查证事实真相的调研报告，主要针对历史遗留的或现实生活中值得关注的、公众反映强烈的人和事，运用合理的调查手段，查清事实真相，探明真相被误会或掩饰的原因，进而做出实事求是的结论，如《××市纪委关于××区恶意举报情况的调研报告》。

### 4. 推介新生事物的调研报告

这类调研报告要求以敏锐的目光、科学的态度及时反映社会生活中出现的新人、新事、新创造和富于时代特征的新现象，介绍其产生背景，揭示其成长规律，宣传其意义和作用。其主要内容是具体介绍某一新生事物产生和发展的来龙去脉，分析其背后的原因、发展的客观条件以及存在的现实意义或负面影响，从而提高人们对它的认识，并使新生事物进一步完善和发展。例如，《党委当家、民主理财的一种有效方式——××区实行"联审会签"的调查》，从"联审会签"的起因、主要做法、作用与成效3个部分推广介绍了"联审会签"这一新的理财方式。

### 5. 提出对策建议的调研报告

这类调研报告是应领导决策之需，解工作实践之急，围绕工作中遇到的新情况、新问题，进行专题调查研究后形成的书面报告。此类调研报告针对性强，以问题为导向，以寻求破解之策为目的；主体内容一般由问题现状、原因分析、对策建议3个部分组成，为领导机关就某一问题进行决策提供参考，充分发挥调研报告的参谋咨政作用。例如，《关于推进公路养护管理体制改革的调研报告》《关于规范拆迁秩序、推进"裁执分离"的调研报告》《社会主义市场经济条件下培养企业秘书人才的调查与思考》，都属于提出对策建议的调研报告。

### （三）按照调研报告功能不同分类

按照调研报告功能不同，可分为指导型、定性型、咨议型三种调研报告。

### 1. 指导型调研报告

这类报告以社会生活中值得推广的先进经验、优秀典型为调查对象，通过对这些对象进行调查研究，提出若干值得人们借鉴和思考的问题。例如，《××市发展壮大农村集体经济情况调研报告》《留住我们的文化基因——关于推动全国戏曲剧种传承发展的调研报告》。

### 2. 定性型调研报告

这类报告通过对某种违反党纪国法的行为、工作中的失误，以及社会生活中的不良现象或者某个引起争论的人物、事件进行调查，公开揭露问题，剖析原因，说明危害，并站在政策法规的高度做出某种定性结论，从而引起有关部门和社会的重视，达到解决问题和帮助人们提高认识、引以为戒的目的。例如，《××煤矿事故调研报告》。

### 3. 咨议型调研报告

这类报告针对某个事关全局的问题和国情、民情进行调查，通过分析、对比、评述，向领导者和有关决策机构提供意见、建议和方案，为下一步制定措施、出台政策发挥咨政作用。例如，《关于河长制在湘江流域执行情况的调研报告》《关于构建煤矿隐患排查治理体系的调研报告》。

## 四、调研报告的作用

调研报告是调研成果的最终体现，用途很广。一篇好的调研报告，既可以宣传党和国家的方针政策，也可以丰富和深化人们对客观事物的认识，指导和推动社会实践活动的有效进行，还可以回应大众普遍关切的热点问题，发挥统一思想、凝聚人心、答疑解惑的作用。无论是对起草者、审批者、阅读者还是成果应用者而言，调研报告的作用都不容小觑。归纳起来，其作用主要有以下几个方面。

### （一）作为了解情况的重要窗口

调研报告一般是针对社会上的某一热点问题经过深入调查研究之后写出来的文字材料，它可以发现隐藏在新闻和信息背后的东西，还原事实真相。领导干部和广大群众通过阅读调研报告，可以了解到比新闻报道和信息简报更真实、更全面、更详尽的情况。它对社会匡正舆论导向具有重要意义。

（二）作为科学决策的重要依据

大部分调研报告都是针对领导的决策目标，由调研人员受命进行专题调研后而形成的。这类调研报告不仅需要反映情况和问题，而且需要分析其原因，就某项工作直接提出新的政策建议或实施方案，为领导机关掌握基层实情、制定正确决策提供参考依据。在新时代，调研报告的科学决策功能更加凸显。一份好的调研报告，能为党和国家制定路线、方针、政策提供不可或缺的材料和事实依据。

（三）作为推动工作的重要手段

调研报告作为调研成果的重要形式，形成后往往会报经领导或上级机关审阅、做出批示，报告中归纳的带有普遍意义的规律性认识和深度思考，连同领导审批意见传达后，将有力助推问题解决和工作落实。针对调研报告中反映的苗头问题或潜在风险，还可提前开展查摆、举一反三、防患于未然，做到"发现一个问题、解决一类问题""以点带面、点面结合"，以此推动各项工作落到实处。

（四）作为自我提高的重要途径

参与调查研究、撰写调研报告，是干部职工提升理论水平、增强全局观念、培养系统思维、锻造务实作风的极好历练机会。无论是实地调研的过程，还是撰写调研报告的过程，都是自我学习、自我提高的宝贵经历。同时，深入调查研究、精心撰写调研报告，对于干部走好群众路线、克服官僚主义和形式主义等不良作风，传承理论和实际相结合的优良作风，不断提高理论修养和管理水平，也有着重要意义。

### （五）作为宣传推广的重要方式

调研报告既可以作为本单位使用的内参，也可以通过报刊网站等媒体向社会做广泛推介，传播先进经验，宣扬先进典型，揭露矛盾问题，批评落后现象，弘扬新风正气，引导社会舆论健康发展。特别是当新生事物出现的时候，调研报告可以全面快速地反映新生事物的发生、发展过程，揭示其现实意义或社会价值，促进新生事物的成长壮大。

## 五、调研报告的写作程序

调研报告写作一般要经过以下五个步骤，这五个步骤既相互联系、交叉进行，又相对独立、各有侧重，不能随意分开。

### （一）领会意图、确定主题

撰写一份调研报告，准确领会领导意图和开展调研的初衷最重要。这就需要撰写者通过多种渠道和形式，包括当面听取领导指示、汇总领导调研过程中提出的要求、综合研究上级有关部署和调研实际等，明确所要解决的问题和达到的目的，从而全面正确地领会领导意图。并在此基础上，提炼出比较清晰的主题和贯穿全篇的主线，确保主题鲜明、集中、深刻，有高度、有特色，既符合上级精神，又贴近本单位、本地区、本行业的实际。

### （二）取舍材料、匹配观点

掌握足够多的材料是写好写实调研报告的前提和基础。在组织撰写调研报告前，调研人员对于经过搜集、记录、查阅、统计、分析所得到的各方面调查材料，需精心选择，注意取舍，认真比较、鉴别和筛选。在起草调研报告前，虽然有时领导交代了思路和观点，手头有大量的资料或素材可供利用，但在具体确定选用哪些阐释观点、哪些剖析问题、哪些作为支撑案例时，调研人员还需要调动自己的思维去梳理、加工和提炼。要选取与主题有关的材料，选择典型材料来支持观点，做好素材与观点的初步匹配，为写出高质量的调研报告做好准备。

（三）谋篇布局、拟写纲目

这是调研报告撰写中的一个关键环节，即确定调研报告的框架结构、逻辑关系和思路脉络，体现调研人员的逻辑思维能力和驾驭全局能力。逻辑是否严谨，框架是否合理，思路是否清晰，直接关系到调研报告写作的质量和效率。调研人员要围绕主题认真构思用什么结构、怎么安排层次、如何开头和收尾、怎样分段、先写什么后写什么、前后怎样照应、哪些"浓墨重彩"、哪些"轻描淡写"，在此基础上将写作思路"物化"为调研报告提纲。

（四）分工协作、起草初稿

根据已经明确的主题、选好的材料和拟定的写作提纲，调研人员应组织工作专班，既分头负责又团结协作，有条不紊地开展调研报告初稿的起草工作。在写作过程中，调研人员应科学处理内容与形式、效率与质量、分工与协作的关系，按照既定的进度计划，保质保量完成起草任务。对分头起草完成的各部分文稿，调研人员应及时进行统稿，形成调研报告初稿。

（五）修改完善、审校定稿

起草好报告初稿后，调研人员要反复修改和润色提高，主要是对报告的主题、结构、材料、语言文字和标点符号等进行认真审核、检查，加以增、减、删、改。必要时将初稿发给有关单位和部门征求意见，从多维度进行把关、提质。通过多轮修改、校核，消除各种问题，弥补存在的不足，使调研报告内容日臻精练、准确、缜密。完成这些工作后，调研人员才能正式定稿并向上报送或在媒体上发表。

# 第二章
# 写作准备阶段

撰写调研报告是一项复杂而艰巨的系统工程，是一项涉及面很广，逻辑性、条理性很强，要求功力很深的创造性工作。要写出一份高质量的调研报告，自然不是一件容易的事。"磨刀不误砍柴工。"在实地调查工作结束后，正式撰写调研报告前，调研人员不要急于下笔，应沉下心来，准确领会领导意图，全面梳理消化在调查过程中获取的素材资料，合理组建写作班子，认真理顺写作思路，把准备工作想全、思细、做足。这些工作尤为重要和必要。在写作准备阶段主要应做好如下工作。

## 一、准确领会领导意图

调研报告写作往往是奉命行事、遵照领导意旨而进行，这一特点决定了调研人员在写作调研报告前要全面、准确、深刻领会领导意图。要将准确领会领导意图贯穿调查研究的全过程，通过细心观察、悉心揣摩、科学分析，想方设法地把领导的思想和意图理解准、领悟透，努力去挖掘、扩展、完善、深化和延伸领导意图，力争把感性的东西理性化、不完整的东西系统化，并最终落到纸面上。

## （一）要熟悉领导思维方式

领会领导意图是一项相对复杂的思维活动。在调研报告写作过程中，熟悉领导的思维方式与表达习惯，掌握领导对一些问题的基本看法和处理原则，保持与领导思维同频、信息掌握同步，尤为重要。一般来说，每个领导都有自己一套成熟的工作经验、习惯性思维方式与表达意图的方式。调研人员在领导身边工作，陪同随行参与调查研究，平时应留意观察、深入了解领导处理各项工作时所采取的一些基本思路和方法，从中掌握领导的思维方式。

调研人员要了解形成领导意图的社会背景，了解领导关注的中心工作。为了在更广阔的背景下深刻领会领导意图，调研人员应当拓展视野，扩大思维范围。应当熟悉当时的社会现实情况，党和国家现行的方针、政策和法律法规精神，当前的中心工作及本地区、本部门、本单位的实际情况，并善于把这些背景材料与领导意图结合起来考虑。只有这样，才能加深对领导意图实质的理解，而不至于停留在对领导意图表面的粗浅的认识上。如果对领导意图产生的社会大背景和单位小背景缺乏洞察，对调研过程中领导的所思、所想、所言缺乏连贯的了解，思维不在同一个频道上，调研人员就不可能深刻领会领导意图及其来龙去脉，在撰写调研报告时就不可能准确地把握和传导领导意图的精神实质。

## （二）要有领导的站位

由于思考问题的角度不同，常常会得出不同的结论。调研人员撰写调研报告，在一定程度上是代表领导说话、为组织立言，因此，不能站在一般工作人员的角度，而应该站在领导的角度、组织的层面去思考问题、提出意见。具体来说，要着重把握住三点：一是要有一定的高度，要善于站在统管全局的制高点去想问题、出点子，把握调研报告的选题方向、思维层次、对策建议水准等；二是要有一定的广度，思考问题时要思路开阔，要有全局观念和系统意识，能通盘考虑，统筹规划，思维内容有相当大的覆盖面；三是要有一定的深度，要善于运用辩证法，透过现象看本质，把思考的着力点放在关键点和要害问题上。

领导意图的孕育和形成是一个连续过程。调研人员在这个过程中，有时会把握不住领导意图的实质，撰写调研报告时就难以把领导的原则和意见具体化为调研报告中的观点、主张与措施。这时就应该主动向领导汇报，请求指示，通过听取领导意见来调整自己的思路，力求在调研报告中准确地传导领导的意图与主张，切不可轻率处事，自以为是，甚至断章取义、"另起炉灶"。

（三）要发挥主观能动性，延展领导意图

领导意图的形成是逐步的，从思想观点的孕育、产生到趋于成熟有一个过程。领导对一些经过深思熟虑的问题，一般交代起来十分明确；而对一些正在酝酿的问题，表述会比较模糊。调研人员不可能要求领导在第一次授意时就把一切讲得清清楚楚，也不要消极地等待领导的再次授意，而应当充分发挥主观能动性，在领导的想法刚刚萌发或比较粗糙时，主动地加以深入研究，完善领导之所想，使之成为系统而明确的观点。有时，领导在交代调研意图时，可能只是从某一个角度或者某一个侧面提出问题，尤其是分管某项工作或某个部门的领导，提出的问题可能带有专向性。在这种情况下，调研人员应当发挥自己平时对全局情况比较熟悉的优势，对领导的思路加以延伸和拓展，使之进一步丰富和完善。有时，领导在调研过程中会提出一些富于新意但欠缺系统性的观点与想法，这时调研人员应当追随领导意图，从客观事物发展变化的实际出发，拓展领导的思想，挖掘新的东西，使观点更趋完整成熟。

## 二、研讨确定调研报告主题

确定调查研究的主题，就是确定调研活动所要研究和解决的主要问题。选题不仅要体现调查研究的目的和方向，而且要能够反映调研人员的指导思想、理论见解和学识水平。选题是调查研究准备工作的核心，它对调查研究工作的进程、结果及其价值具有决定性的意义。选题往往决定了调研报告主题的大致方向。

调研报告主题虽然是开展调研前就已基本确定的事情，但在正式付诸笔墨前，调研人员往往还需要结合调研过程的实际情况，在领会领导意图的基础上，进一步予以敲定。能不能拿出有分量、对决策有帮助的调研报告，关键在选准主题。从某种程度上说，一份调研报告质量高不高，往往不取决于调研人员的身份、报告内容的长短、文字的优劣；而取决于调研报告主题能不能吸引读者的注意力，能不能拨动读者的"心弦"，能不能引起广泛的"共鸣"，能不能成为决策的依据。因而可以说，"主题好，调研报告就成功了一半"。

（一）确定主题的基本原则

主题是调研报告的灵魂，选定一个什么样的主题，这是调研人员在撰写报告时要把准的方向性问题，对调研报告写作的成败具有决定性的意义。在工作中，调查研究有时根据上级或有关部门安排而开展，因而调研人员可从上级或有关部门下发的调研主题中选择，但更多的时候是需要发挥主观能动性，主动发掘有价值的调研主题，自动自发地开展调研。确定调查研究报告的主题一般要把握以下原则。

**1. 紧跟时政原则**

调研人员要自觉讲政治，心系"国之大者"，时刻关注党中央在关心什么、强调什么，围绕当前经济社会发展中的热点、重点、难点，站在党委、政府的高度，站在本系统、本行业、本单位的视角，着眼于经济社会高质量发展的全局，力求与领导思维合拍共振。若是领导高度关注的问题或者亲自指示开展调研的问题，自然可以列为调研报告首选主题。例如，围绕党的二十大报告提出的"中国式现代化是物质文明和精神文明相协调的现代化""基层民主是全过程人民民主的重要体现""健全用党的创新理论武装全党、教育人民、指导实践工作体系"等重要论断，《党建》杂志社于2023年陆续推出了《扎实推进精神富有的实践探索——湖州市打造精神富有市域样板的调研》《积极发展基层民主 助推民主建设提质升级——信宜市加强新时代党的基层民主建设的调研报告》《推动理论宣讲深入人心——湖北"理论热点面对面"实践基地调研报告》等系列热点调研报告。

**2. 聚焦问题原则**

在确定调研报告的主题时，调研人员要充分考虑单位的中心工作、重点工作是什么，有哪些难点和热点问题需要回答和解决，哪些新事物、新经验需要总结、推广，哪些倾向性问题需要引起注意。要着眼于全局，围绕本地区本单位的中心工作和群众的"急难愁盼"问题来确定主题，写出大家关注、有借鉴参考价值、利于推动实际工作的好报告，不要做太冷僻或无关大局的调研文章。例如，《××省秋粮生产和市场价格情况调研报告》，就是一则从民生需要出发，抓住人们普遍关注、反映强烈的热点问题，将当前工作中、生活中迫切需要解决的问题用来作为调研主题的实例。通过对10个粮食主产县的专题调研，调研人员对2023年××省秋粮产量、新粮收购价格、种粮收益情况进行了综合分析研究，具有很强的现实针对性。

**3. 视角求新原则**

搞调研不能吃别人嚼过的馍，要用独特角度、新颖观点去研究工作实践中面临的新情况新问题、产生的新典型新经验，使之平中见奇、小中见大、旧中见新。例如，可以选热中见冷的主题或喜中见忧的主题。热中见冷，即对社会热点不要人云亦云，不唯书、不唯上、只唯实，热问题冷分析，并提出切实可行的对策建议。喜中见忧，即抓住那些经济社会发展中存在的苗头性、倾向性问题，及早研判，预提对策，为领导科学决策抢占先机。例如，《电竞用户消费调研报告》通过线上访谈、线下实地调研、产业会议研讨等形式，聚焦近年来兴起的电子竞技产业，围绕电竞用户消费特征、电子竞技赛事和俱乐部建设等话题，深度剖析了电竞产业与地方文旅发展的关系，为电竞产业与文旅产业更进一步的合作发展提供决策依据。

**4. 前瞻思考原则**

这要求调研人员着眼本单位或本行业未来发展趋势，寻找本单位或本行业将来可能遇到的问题，未雨绸缪。调研人员运用该原则选择调研主题需要熟悉工作，善于超前谋划，并要有战略眼光。遵循前瞻思考原则写出的调研报告，如果写得精彩，就能推动实践工作，产生积极价值。例如，《××省网络餐饮食品安全现状调研报告》，就是聚焦一些地方网络餐饮食品安全事件多发，网络餐饮食品各环节各领域安全隐患较多、安全监管缺位、监管不力的现象依然存在等问题开展的针对性调研，并提出相应建议，为相关人员全面了解掌握××省网络餐饮食品安全及监管的现状、问题提供了充分依据。

**5. 落小落细原则**

调研报告的主题宜小不宜大，应着眼于解决实际工作中遇到的某个或某类困难和棘手问题，通过研究实情、搜集民声、探讨办法，拿出解决问题的建议和措施。如果主题过于大而全，可能出现时间精力、素材收集、驾驭能力等方面都跟不上的情况，调研报告质量也很难有所保障。相反，问题点落得越细越小，研究时就能越深越透，调研报告也越有价值。在这方面，中央和国家机关工委2022年以来组织各部委青年理论学习小组开展的"关键小事"调研攻关活动的经验颇为值得借鉴，各部委青年理论学习小组聚焦村级班子运行情况、"双减"后中小学校课后服务经费保障有效途径、多孩家庭子女同校入学（入园）问题、打通居民小区电动汽车充电"最后100米"、建筑行业男女同工同酬问题等群众关心的"关键小事"，将一系列"小"而"具体"的民生问题作为调研主题，深入基层，了解实际情况，提出对策建议，产生了很好的示范效应和实际效果。

（二）如何精准选好题

"文章好写题难找"，调研报告同样如此。怎样找准选题？这时调研人员就要像老鹰抓兔子一样，学会在高高的空中翱翔，瞪大眼睛俯视大地，透过重重障碍，敏锐察觉沟沟壑壑、茅草丛中其他猛禽难以发现的兔子，然后张开双爪一跃而下，又准又狠地扑向目标，直到饱腹为止。

选题决定成败，一个好选题决定一篇调研报告能否进入领导决策视野、能否在社会上产生良好反响。选题时调研人员不能想当然、凭兴趣，或随大溜、看感觉，而应该准确把握时代脉搏，善于换位思考，学会从不同受众的角度去选题，聚焦社会热点选题，突出工作重心选题，围绕前瞻性问题选题。调研选题表面上在工作中、在现实中，实际上在眼里、在心里，善于观察、勤于思考，从大处着眼、小处落笔，就容易发现调研选题，找到下笔的地方。

### 1. 要站在领导的位置去选题，确保调研报告的高度

领导对调研选题的关注往往偏战略性、宏观性。你的思想高度有多高，调研报告的高度就有多高。因此，调研人员要紧贴领导决策需求，时刻站在参谋的位置去思考领导所想的问题，时刻关注领导的想法、意图和指示，努力做到与领导决策在思路上共振、在时机上吻合、在意向上趋同、在需求上贴近。

### 2. 要以情报员的视角去选题，谋求调研报告的新意

情报员的最大特点就是搜集新事物、新线索。同样，调研人员在为调研报告选题时也要善于选取本行业、本领域的前沿动态、发展方向性的问题，重要但尚未引起重视的问题，看似平常却很有价值的问题。调研人员可从发展前景出发，抓住带有倾向性、苗头性、预见性的问题进行超前研究，如信息化给基层治理带来的新困惑、互联网时代引发的手机依赖症、人口老龄化对传统农村养老模式提出的新挑战

等问题，都需要我们敏锐地发现，不断进行超前研究，这样相关部门才能及时采取措施，主动应对挑战。

### 3. 要以老百姓的口味去选题，使调研报告更接地气

人民群众的"急难愁盼"就是调研报告的选题方向。对于老百姓想什么、急什么、要什么，调研人员必须时时摸清楚、处处搞明白。要读懂群众的心，"问问家长里短事，听听鸡毛蒜皮言"，真心了解群众所困、所难、所怨，设身处地地为群众着想。只有读懂了群众的心，才能获得真知灼见，所选的主题才能更体现群众意愿，更能反映群众利益。

### 4. 要以评判官的标准去选题，拉高调研报告的标杆

调研报告选题应该有熟悉、新颖、实在这几个重要的评判标准。熟悉就是看自己是否了解所选择的主题，对不懂的领域慎入；新颖就是看自己的选题与别人有何不一样，雷同、重复的主题不必费时间；实在就是看自己的选题是否有实际意义，对推动工作、解决问题没有价值的主题应果断放弃。调研人员在选题过程中要反复对标，做好权衡。

## 三、充分消化调查素材

在调研过程中或调研结束后，调研人员应对各方面获取的素材及时归集整理，主要应做到以下几点：一是去伪存真，把能真实反映客观事实的素材留下来；二是把与调研主题有关的素材留下来；三是按照撰写调研报告的要求，把素材进行整理归类；四是认真消化备用素材，全面掌握情况，为搭建提纲和撰写报告做充分准备。

### （一）搜集占有素材

大量占有第一手素材，是写好调研报告的基础。尽管基层说的、

讲的不一定都是调研所需要的素材，但是调研人员要尽量搜集，有"以十当一"的劲头寻找和占有素材。要想写出既具有理论性、政策性，又具有实践性、可行性的高质量的调研报告，如果不占有大量素材是不可能做到的。因此，调研人员必须在素材收集上狠下功夫，建立自己的素材库。

### 1. 丰富素材的类型

调研人员要本着"韩信将兵，多多益善"的态度，尽可能广泛收集、阅读、消化那些与调研主题相关的专业知识、政策法规文件、行业动态，以及专家学者的理论文章等，领会中央和上级有关指示精神，了解历史背景，掌握现时的最新动态、未来的发展趋势等。研读的素材越多，就越能吃透情况，心中就越有底。具体而言，可以分别按以下类别进行收集。

（1）掌握政策类素材。政策是调研报告立论的基础和依据，偏离、脱离、背离政策，调研报告就会失去应有的现实价值。因此，建立政策资料库，及时掌握政策十分必要。收集政策类资料要做到两点：一是内容要全面，包括与调研对象所在行业、调研主题相关的法律法规、政策规定，上级、本级出台的发展规划、规章制度，印发的年度工作报告、会议纪要、重要活动领导讲话等；二是更新要及时，要核实所搜集资料产生的时间、版本，确保为最新、现行的内容，力避在调研报告中出现过时的表述。调研人员对政策类资料的搜集重在平时，要随时整理，随时学习。在调研过程中要有针对性地做好素材的补充和同步更新。

（2）掌握理论类素材。理论是对实践的总结提升和规律辨析，是专家对前人的批判、超越，反映了社会对某个问题的最新认识和前沿思考，是写作调研报告的源头活水，是提高调研报告质量的保障。调研人员可以从以下两个方面着手：一是研究专著理论，根据调研的课题，购买两三本最新的相关理论专著；二是学习专题文章，主要收集专题调研报告范文、调研主题知识论文两类材料，可以从报刊中找，也可以从网络、论文库里下载，数目应该在10篇以上，发表时间越近越好。

（3）掌握实情类素材。基层调研材料是决定调研报告质量的根本所在。一是座谈访谈资料，包括与不同层级、不同群体、不同领域人员的专题座谈交流、一对一访谈、问卷调查等形成的过程资料；二是被调研单位汇报材料，包括通过书面或口头等形式提供的综合性汇报材料、专题汇报材料等；三是实地考察过程中获取的资料，包括调研考察点的基本情况介绍、宣传册、媒体报道素材，调研人员亲眼所见、亲耳所闻并及时记录整理的资料以及录音、视频资料等。在撰稿过程中，调研人员如需就某方面问题做进一步了解或延伸调查，可梳理资料补充清单或再次访谈，向有关部门索要详细材料。

## 2. 拓展素材的来源

符合实际的丰富确凿的素材，是调研报告的生命力。素材从哪儿来？

（1）从直接渠道挖掘而来。主要来自实地考察，即调研人员深入基层获取"沾泥土、带露珠、冒热气"的资料。这就需要调研人员眼睛朝下看，脚踏实地，在实践中认真调查，掌握大量符合实际的第一手资料，这是写好调研报告的前提，必须下大功夫。这方面的途径主要包括：被调研单位按照调研要求有针对性地提供；领导和调研组其他成员在调研过程中通过询问关注、现场沟通交流获取；调研组成员亲身体悟和观察、查阅调取有关资料所得。需要特别关注的是，领导在各种场合交流工作时思维往往比较跳跃，可能会就相关工作谈很多想法，主要涉及当前重点工作、下一阶段工作计划、相关地区先进经验、工作亮点特点、感兴趣领域、遇到的问题与困难等内容，可以说都是挖掘调研素材的"富矿"。

（2）从间接渠道挖掘而来。这方面素材主要可通过图书、报纸、杂志和互联网等渠道获取，是调研过程资料的有益补充。在知识爆炸、信息海量的时代，获得间接资料相对比较容易，针对一些与调研主题相关的历史资料、市场行情、理论观点，调研人员可以去图书馆查找，或有目的地选购相关书籍，也可通过上网查询方便快捷地搜集整理。对于新涉足的调研选题，调研人员可以通读一本至两本较权威的专业书籍，在阅读相关资料的过程中，如自己有任何想法，应立即写下来，以备用。此外，关注被调研单位有关人员的微信朋友圈等社交平台信息，也有助于调研人员从各个维度较全面地了解情况，甚至"顺藤摸瓜"，获得有价值的信息。

（二）合理取舍素材

调研报告不是调研工作的简单实录。对调查过程中所获得的众多直接和间接的资料，调研人员不可能也不必都写入报告，要精挑细选、有所取舍，做艰苦细致的辨别真假、判断价值的工作，筛选出最典型、与主题关联性大、最能说明问题的材料，去掉无关的、次要的、非本质的材料，对其进行由此及彼、由表及里的分析，从中揭示事物的本质特征或找出事物的内在规律，得出正确的结论，总结出有价值的东西，选用最好的材料来反映调研成果、支持调研报告观点。

## 1. 选择什么样的素材

调研得来的材料是芜杂的，就像一盘"粗蔬"，需要去粗取精、去伪存真。取什么舍什么，最费斟酌。材料的选择要求"准"、求"新"、求"精"，调研人员要抓住那些"一碰就响"的情况、"一针见血"的问题和"一目了然"的典型，把笔墨集中用在与主题关系密切的内容上。要紧紧围绕主题选用材料。根据主题表达的需要，确定各个材料的取舍、详略程度和表达次序。对不符合主题的材料，即便再生动、再经典，也得忍痛割爱。如果主次不明、文理不顺、行文无序，或杂乱堆砌，就会造成主题不突出，以至于淹没主题。选用材料要做到实中有理，将典型事例、统计数据中隐含的道理点出来，不搞空洞说教。为了充分论证主题，应该精心科学地选择以下几种类型的材料。

（1）选真实材料。这是指去伪存真，把能真实反映客观现实的调研资料留下来，把那些虚假的或没有把握的资料排除掉。真实材料包括在基层和干部群众中亲眼所见、亲耳所闻、亲笔所录的第一手资料，如基层普遍反映较好的人物事迹、经验做法，"沾泥土、带露珠、冒热气"的群众语言，权威部门提供的统计数据等。真实的才是最有说服力的。

（2）选典型材料。典型材料具有典型性，这种典型性，既体现在与调研主题紧密相连、高度相关上，能有力支持和佐证观点；也体现在反映调研对象本质、揭示事物发展规律上，有相当大的深度和价值。运用到调研报告中，典型材料可以使主题集中、鲜明、突出，最能说明问题、切中要害、反映情况、呈现趋势，能给全面工作提供借鉴，给受众留下深刻印象。

（3）选新鲜材料。这是指选新鲜度好的，即所调研地区的新情况、新事物、新思想、新经验、新数据、新典型、新问题等，避免陈词滥调、老生常谈。例如，一篇调研报告聚焦"三农"问题，选择小麦种植面积测量"从卷尺量地到卫星巡天"、村两委和村民活动站"从借地办公到筑巢引凤"、新农合"从试点医保到全面普及"3个事例，以小见大，较好地反映了农业发展、农村进步、农民幸福感的深刻变迁。

**2. 怎样筛选素材**

调研报告绝不是材料的堆积、情况的汇总，而是调研人员通过大量的分析，对调查得来的情况、材料进行分类处理后得来的。在实际工作中，拥有同样多的素材，因每个人的选材角度不同，写出来的调研报告质量也会高下立现，这就是素材筛选利用水准的具体反映。那么，如何筛选素材？

（1）通过对比筛选素材。在调研过程中获取的素材可能来自四面八方，准确率、可信度都需要甄别。调研人员既可以把不同调研对象对同一问题的不同素材进行比较，发现其中是否存在矛盾和分歧，也可从同一调研对象提供的不同素材中去寻找和发现差异，看有无夸大或缩小的成分，从而判断素材的真伪和价值高低。在筛选素材时，调研人员要通过多方比对查验，对素材的来源以及所关涉的人和事进行鉴别，准确了解事件的真实情况，这样写出来的调研报告才能经得起推敲。

（2）有针对性地筛选素材。面对收集的海量素材，调研人员可结合调研过程体悟和初步思考，先大致提炼调研报告的主旨观点，列出几个关键词，确定下一步选材用材的大方向，据此研究分析素材的需求点、彼此之间的逻辑关系，带着明确的目的性和针对性，一点一点地遴选素材，从中选出贴合主题需求的代表性素材，从而增强素材使用的有效性。同时，要对调查的过程做"回头望"，看看调查对象是否反映了实际问题，素材是否全面、详细，调研座谈的目的是否达到；哪些素材有用，哪些素材备用，哪些素材反映的问题还要继续调查，做到一边深入思考，一边补充新的素材。

（3）根据来源筛选素材。素材的来源渠道会在某种程度上影响其可靠性和权威性。这就需要调研人员从调查获取素材的来源角度进行甄别。例如，素材是由何人何单位在什么情况下经由何渠道提供的，提供素材的个人和单位与被调查的问题之间有什么样的利害关系，提供的素材有无单位盖章或领导签字等。根据素材的规范性、权威性、时效性和审批程序严格程度等来做出综合评判、筛选。

在实际工作中，素材的甄别筛选方法大多不是单一、固定的，而是多元、动态的。例如，针对某次楼市调研获取的庞杂资料，××省住房和城乡建设厅专题调研组采取多种方法相结合的方式进行筛选：为掌握头部房地产企业危机化解、上下游企业供应链压力、金融机构信贷风险等真实现状，通过横向对比，筛选出不同地市、不同部门对同一问题的数据及情况对比分析资料；为科学研判行业发展趋势，通过纵向对比，筛选出近年来新房市场成交、二手房交易、租赁市场变化、土地交易等统计资料；为窥探全省房地产行业发展的情况，筛选了参与调研座谈的相关政府职能部门和头部房地产企业、房地产市场研究机构以及权威专家学者等提供的会议发言等综合性材料。

### （三）梳理消化素材

大量的素材经过"海选"，并不能直接利用，往往还需要进一步梳理清晰，为分析研究和形成初步思路打好基础。

**1. 要对筛选出来的素材及时梳理**

梳理素材如同"梳辫子"，也就是将零星的分散的素材，按不同的性质或不同的角度分类整理出来，把"头发"梳通、理顺、扎好辫。要对筛选梳理的素材归归类别、理理线索，按照一定的分类标准进行整理，可以根据主题、时间顺序、重要性等进行分类，对相似的或存在冗余、重复的内容进行删除或合并同类项，保留最有价值的部分，并通过建立文件夹、标签、目录等方式进行管理，这样有助于后续快速查找，以备起草调研报告时能随时调用。

根据所获取的素材实际情况，可以采取不同的梳理方法。例如，调研对象有明显时间阶段的，可以按过程"梳"，分为过去（开始）素材、转化（发展）素材、现在（结果）素材；素材之间存在因果关系的，可以按因果"梳"，分为所做工作（原因）、取得成果（结果）、主要经验（教训）；也可按性质"梳"，分为正面素材、反面素材；或按类型"梳"，分为先进、中间、落后。具体如何"梳"，可视写作的目的和个人整理素材习惯酌情确定。

从提高工作效率的角度出发，可以在调查访谈的过程中，分门别类地对所获取素材进行初步梳理归类，做上各种记号或分类存放，使调研的过程随时成为"梳辫子"的过程。

需要注意的是，调研报告起草人员在具体写作中对素材归类、归项不是一次完成的，它往往是反复的、双向的、循环的，因为人的思维总是在反复比较、推敲，甚至发生失误后才能逐步清晰起来，直到最后定型。在素材梳理上，忌"只见树木，不见森林"。以点概面，以偏概全，或放不开、收不拢，一堆素材零零散散、残缺不全、真伪不清，既不见人也不见事，既没场景也没故事，这样的素材是难以发挥应有价值的。

**2. 要对梳理出来的素材进行初步消化**

梳完"辫子"，可以使所掌握的全部素材分门别类，一目了然。但这些素材哪些有用、价值几何、能用在哪里，则还需要进行消化、评估，做去粗取精的"过筛子"工作。通常的做法是：首先，从全部素材中筛出说明主要问题的素材，并分类为典型素材、辅助素材、可用可不用素材；其次，筛出说明次要问题的素材，同样分类为典型素材、辅助素材、可用可不用素材；最后，从中主要选用典型素材和少量的辅助素材。

过完"筛子"，留下的都是能写入报告的"精品"了。但将其用在什么部分最适当，调研报告起草人员还需要对照拟定的各层次观点，给素材"找位子"，逐一"安家落户"、进行分配，这个步骤可为后续的提纲搭建和初稿起草做好铺垫。一般方法如下。

A 观点——素材 A1、A2、A3……

B 观点——素材 B1、B2、B3……

C 观点——素材 C1、C2、C3……

D 观点——素材 D1、D2、D3……

可以直接在素材资料上做记号，完成初步定位、分装。

调研报告起草人员不论分工，对调查研究获得的各方面资料以及筛选梳理出来的所有素材，都要全面熟悉了解，做到心中有数。对于较难理解的内容，必要时可以邀请有关部门负责同志或相关领域专家学者进行辅导解读，全面掌握有关知识，吃透政策法规精神，做好调研报告写作准备。

调查参与者之间还可以加强经常性沟通交流，确保信息互通、资料共享、消化同步，这样可以使信息掌握更对称、调查研究更深入、获得的真知灼见更多，为下一步起草调研报告铺好路。

## 四、深入研究分析

调研的目的是解决问题，而要真正解决问题，就必须在调查研究中进行分析，做到把情况摸清、把问题找准、把对策提实。具体到调查研究的分析过程，就是要把调查获取的有价值的材料，像做菜前的准备工作一样，将原料切细、捣碎、拌匀，以使炒制出来的菜品色香味俱全。通过研究分析这些准备工作，可以把认识引向细致和深入，更好地从整体上把握调研报告写作。

### （一）调研分析方法的选择

调研分析是调研报告起草前综合考察调研活动过程和调查所获取资料的思维活动，具体的方法很多，如定量分析与定性分析，宏观分析与微观分析，历史分析与现状分析，内部分析与外部分析，动态分析与静态分析等，需要酌情选择和运用。调研报告起草者必须掌握综合分析的基本功，养成综合分析的习惯，学会综合分析的本领。掌握了这种科学方法，观察问题就能见其一又见其二，知其然又知其所以然。

### 1. 善于跳出调查活动本身进行分析研究

如果说调查是"沉下去"，那么研究就要"浮上来"。研究分析工作，实际上是对调研过程的一次复盘，通盘考虑哪些调查获取的素材有用、采取什么方法分析、数据如何统计分析，等等。调研人员要根据调研内容、调研方式，采取走出去和请进来、实地走访和案头研究、线上与线下、定量与定性相结合的办法，并将大数据等现代技术手段引入调研分析过程，提高研究工作的效率和科学性。

调研人员不能局限于自己的小圈子研究问题、谋划工作，这样做从局部看无可挑剔，但从全局看往往行不通。事例堆砌和拼凑不是研究，观点加例子不是研究，没有启发性也不是研究，只考虑局部管用、眼前管用更不是研究。研究问题要出思想、出见解、出对策，不"跳"是办不到的。必须把局部与全局联系起来，跳出小圈子，在更大的格局中看问题、想问题。要善于通过系统的理性思考，把大量的感性材料上升为理性认识。要掌握"一叶知秋""解剖麻雀"的本领，用全面、系统、发展的眼光进行深入分析，从个别现象和普遍联系中把握事物发展趋势和矛盾运动规律。

### 2. 善于综合运用各种方法进行分析研究

调研人员要学会运用新旧对比、正反对比、今昔对比、成败对比、纵横对比等方法突出事物的特点，揭示事物的本质，力求提出新思想、新观点、新见解、新举措。要恰当运用不同时期、不同角度、不同情况下的统计数字，增强调研报告的概括力和表现力，用真实确凿的数据充分论证主题。要善于结合"上情"和"下情"分析问题，既从党和国家的全局战略分析，又从本地区、本单位实际深入分析，真正做到服务中心大局、推动工作落实。例如，针对基层党建引领村级执行力提升工作情况的调查，可以综合运用正反对比、今昔对比、纵横对比等研究方法，从不同时期、不同村（社区）等角度分析乡镇社区设置方式的利弊，从而提出改革的方向。又如，针对××企业科研人员队伍建设现状的调查，可以综合运用问卷分析、座谈交流、个别访谈等方式方法，对获取的样本和数据信息进行定量和定性分析，得出相关结论。基于研究方法的恰当运用，才能得出更符合逻辑、切合实际的对策建议。

方法运用要开阔思维。研究分析不能停留在原有的认识水平上，不能总靠老办法、老套路。要顺应瞬息万变的形势，突破僵化的思维模式，敏锐洞察调研对象的发展变化，善于运用辩证思维、系统思维、联想思维、发散思维等，从全新的角度发掘问题，探究深层次原因，大胆提出对策，力求见人之未见、发人之未发，使新思维、新思路像原子弹那样发生裂变，找到解决具体问题的可行办法。

（二）研究分析要领

一个调研报告能否写好，还有一个很关键的环节就是要进行调研复盘，即把调查过程来一次全面透视，重放一遍"电影"，把重要的调研场景做个复原，看看哪些事例可以作为典型佐证，哪些鲜活的语言可以支撑观点，哪些统计数据可以说明问题、反映现状，哪些剖析原因的视角可以选择，哪些素材可能存在缺漏，哪些调研对象值得进一步挖掘，哪些一手资料还有待核实确认，哪些调研方式方法尚需改进优化，等等。对于每一份调研材料，调研人员都要辩证灵活地运用听、看、问、查、比这些方法，做到听正反、看好差、问虚实、查真假、比纵横，做到"兼听则明"，克服片面性，务求把信息了解全、挖掘深、把握准。通过调查分析细节的"回头看"，加深对调研活动开展目的的理解、对调研过程全景式的掌握、对调研报告主题和初步观点的领悟。

调研分析的过程就是把点上的变成面上的，把调研到手的零散的东西系统化，把感性的东西理性化，把表面的东西本质化，进而揭示事物的内在特征和规律。调研人员在对不同的观点主张进行分析取舍时，必须站在广大人民群众或大多数人一边，要从社会整体利益、全局利益和长远利益出发，尽可能寻找"最大公约数"。具体做到，既用"显微镜"作解剖式分析，又用"望远镜"做全景式观察。任何事物都是一定的全局范围中的局部，但同时又与全局相联系。要想做到用发展的眼光认识问题，用全面的观点研究问题，其前提是，对同一个问题要从多个角度深入观察、分析研究。因此，在透彻的基础上，还要善于把局部问题和全局联系起来研究，把诸多现象贯通起来分析，从彼此的"联系"中寻找本质性、规律性的东西，科学地预测事物的发展变化趋势，切忌用静止的眼光认识问题、用孤立的视角分析问题。同时，分析时要以翔实的数据或实例进行佐证，为调研报告注入鲜活因素，使其体现说服力，以提高服务领导决策的时效性和精准性。

## 五、酝酿构思调研报告写作

调研报告的出炉非一朝一夕之功，前期酝酿构思尤为重要。

### （一）组建写作班底

调研报告写作工作应由牵头领导亲自主持，明确专人负责具体起草工作。重要、大型的调研报告还要抽调精干力量，组成调研报告写作班子，并注重起草组成员的年龄、专业、能力结构搭配。团队成员中，既要有熟悉调研专题相关情况的业务骨干，也要有政策水平高、调研分析能力强的人员，还要配备善于沟通协调、勤于收集信息资料的人员，且都要有一定的文字处理能力，特别是调研报告主笔者要有很强的文稿综合、统筹驾驭能力。采取问卷调查等方式开展调研的，写作班子成员还应当具备良好的统计学知识和数据分析处理能力。如果是参与单位多、人员构成丰富的调研活动，一开始就要明确分工，尤其是要尽早确定主要执笔人。只有分工明确，才能在调研中自始至终都有人用心听、用心记、用心想。无论是哪个岗位、何种角色，都应当是精兵强将，都要求实干担当，绝不能滥竽充数。

好的调研报告，是由调研人员的综合素质支撑起来的。那么，参与调研报告写作的团队成员应具备哪些基本素质，才能出色地承担调研报告写作任务呢？

### 1. 政治理论水平

调研报告大都一头连着"天线"，一头接着"地线"，政治性、政策性、理论性都很强，具有运用理论指导实践的特征和属性。调研报告起草者的政治思想理论水平如何，一定程度上影响着调研报告质量。调研报告要客观反映真实情况，实事求是分析和归纳问题，提出建设性的对策建议，做到内容翔实、观点鲜明、论证周密、对策可行、文风朴实。这就需要调研报告起草者"吃透"调查研究的政策背景，认真学习党的理论和上级有关方针、政策、意见，掌握正确的立场、观点和方法，不断提高政治素养和政策理论水平，做到在调研工作中始终坚持正确的政治方向，始终坚持围绕中心、服务大局，始终坚持为民宗旨、实事求是，始终坚持解决问题、促进工作开展。只有政策水平较高、理论修养较深的人，才能够在分析问题、解决问题时站得高、看得远，善于抓住本质，击中要害，出好成果。

### 2. 全局思维观念

调研报告起草者要像"鹰"一样发现和抓住躲在草丛中的"兔子"，就必须比兔子的其他天敌飞得更高、看得更远、瞄得更准、动作更快。其中最关键的是想到别人没有想到的问题、看清别人没有看清的问题、抓住别人没有发现的问题，这样才能写出眼光独到的调研报告，调研报告起草者才能解决别人解决不了的问题。调研报告起草者要善于站在战略和全局高度，立足全国看本地，放眼全域看一角，站在高处看四周。要对世界、国家、行业等大环境的客观形势和历史方位有准确判断，尤其要对本单位、本领域的发展形势及在全国的地位有清醒认识，找准调研主题在整个大政策背景、大环境体系中的位置，从大处入手研究问题，找准合适的抓手和突破口，对全局工作发挥"四两拨千斤"的作用，找到"牵一发而动全身"的决策重点，努力使调研报告提出的对策建议能真正参到点子上、谋到关键处。

### 3. 实事求是精神

以事实为依据是写作调研报告应遵循的首要原则。在写作中要避免两种情况。一是"先入为主"。调研报告起草者不能把选题调研简单化为"做文章""写材料"，不要为了完成文稿，带着已有的观点去找论据，或者"想当然"地去裁剪事实，甚至闭门造车、敷衍了事，这些是与调查研究的真义背道而驰的。调研报告起草者应当本着求真务实的态度，从调研材料中归纳概括，提取观点、寻找论据。二是"报喜不报忧"。对调研收集到的第一手资料，要认真分析研究，应正视困难、直面矛盾，有喜报喜、有忧报忧，喜不夸大、忧不回避，而不要移花接木。坚持实事求是的态度，才能了解事物的本来面目，客观把握事物的本质，找到解决问题的有效办法。

### 4. 文稿撰写能力

调研报告起草者必然要求是"站起来能说、坐下来能写、走出去能干"的多面手，尤其要具有文稿撰写能力。要有勤思考、多动笔的良好习惯，着力磨炼文字表达能力，使出手的调研报告内容丰富、材料翔实、言之有物，观点鲜明、表达准确、通俗易懂，言简意赅、简洁凝练、文风朴实，达到引人看、使人看得懂并说服人的效果。

### 5. 深厚民本情怀

撰写调研报告事关单位事业发展、群众切身利益和调查对象的前途命运，调研报告起草者要坚持情系人民，永葆极度认真的态度和责任担当，身体力行，亲身走进基层群众中，获取亲眼看到、亲耳听到的第一手素材，重实际、察实情。调研报告起草者的立场决定了报告的主题和观点，也决定了报告素材选取的倾向性。调查研究的最终目的是要解决实际问题。参与撰写调研报告，一定要有为老百姓、为党和国家解决问题的强烈愿望和感情，要有敢于负责、敬业奉献的倾情担当，要有体谅基层、帮困解难的满腔热忱，力争赢得调查对象的尊重和支持，才能摸准表象之下的事实真相。在报告撰写上，忌夹带私心杂念。不能心存"小算盘"、耍"小聪明"，因怕担责任就写一些"放之四海而皆准"的"场面话"，"讲远不讲近，讲虚不讲实"的"空洞话"，甚至因怕得罪人或者迎合领导、迎合调研对象而粉饰太平、避重就轻、避实就虚、闭门造车。

## （二）厘清写作思路

要写好调研报告，不仅要求调研报告起草者躬身入局，全程细致地开展调查研究，全面掌握实际情况，还要求调研报告起草者充分把握调研报告的写作思路和行文逻辑。

调查研究的出发点和落脚点都在于解决实际问题。基于此，承载调查研究成果的调研报告，其基本行文必然要遵循"发现问题—分析问题—提出解决问题的对策供决策参考"这个逻辑。在内容安排上，依次为：阐明事由，介绍调研报告原因或背景（有可能是政策背景，也有可能是问题现状）；呈现调研结果，将调查的情况予以归纳整合（调查结果有可能是积极成绩，也有可能是消极问题，还有可能既总结成绩和经验，也披露新问题、推介新事物）；提出对策建议，根据以往的工作情况，结合调研实际，制定有针对性的破解问题之策，或从中提炼有益的启示。

从调研报告正文的写作要求来看，其一般都由导语、主体、结尾三个部分组成，其中导语和结尾的写作有些常见的模式，但不同类型的调研报告，因其内容侧重点不同，而表现出不同的行文逻辑和个性化的写作思路。例如，反映情况类调研报告以情况的叙述为主，无论是以空间为序，还是以时间为序，都绕不开"基本情况—主要成绩—突出问题"这个思路；总结推广经验类调研报告一般遵循"主要做法—成效—启示"的逻辑；揭露倾向性问题类调研报告大多按照"存在问题—原因分析—对策建议"的思路来行文；研究探索类调研报告则多以"背景介绍—研究意义—对策建议"的思路来安排结构。

## （三）掌握写作要求

调研报告有各种各样的写法，同一调研主题出于不同人之手，写法也会各异。调研报告写作没有特定的标准和要求，质量好坏主要取决于调研报告起草者自身素质、眼光与功力，但也有可作为参考借鉴及总体的衡量评价标准。

### 1. 内容上要讲究质量

在调研报告写作过程中，无论是反映经验还是问题，无论是介绍情况还是研提对策，无论是起草阶段还是修改阶段，都要树立精品意识，坚持精益求精，做到反映现状客观真实、剖析原因全面深入、提炼观点鲜明突出、提出措施科学可行，让受众看了感到有"含金量"，对决策有参考的意义、对解决问题有实际的作用。

### 2. 风格上要讲究务实

调研报告起草者撰写调研报告的目的是向决策层反映情况、提供看法和建议，不是宣传文章，不需要说理或鼓动。在文风上应坚持朴实、干练、接地气，应直白、直接阐述，用事实和逻辑说话，做到可有可无的话不说，不必要的形容词不加。对别人已写的事别去凑热闹，要写也应从不同的角度去写。注重生动性、形象性、可读性，注意语法修辞，做到主题鲜明、观点明确、事例翔实、结构合理、语言平实，尽量让字里行间闪耀智慧火花。

### 3. 格式上要讲究规范

撰写调研报告要掌握与其文体特征相符合的格式规范和标准要求，做到结构要素齐全、层次序数准确、字体字号统一、排版合乎规范、表述前后一致、文面干净整洁，等等。调研报告除注重文字推敲外，如需要图表、图片说明的，应尽量使用，让图表传递文字所不能表达的信息。图文并茂的调研报告读起来更轻松，还可以体现调研报告起草者的审美眼光。

### 4. 时间上要讲究效率

及时是调研报告的"效力"所在，调研报告及时性与效力成正比。如果调研报告有前瞻性、见微知著、未雨绸缪，实效性就会成倍增加；如果调研报告针对性很强，但出台迟缓、时过境迁、放"马后炮"，则实效性就会大幅衰减。撰写调研报告的"快"应体现在全过程、各环节，从材料收集、分析综合，到构思撰写、报送审定，都应"快"字当头，使领导和机关能够在第一时间掌握情况、在最佳时机利用报告做出科学决策。特别是跟当前工作结合紧密的调研选题，更要迅速响应、抢抓时间，力争以最快速度拿出调研成果，以便及时提供给领导参考；否则过了时间再拿出来，再好的调研报告也是明日黄花，失去应有价值和生命力，写得再好也了无一用了。

相关人员特别是调研负责人要制订写作计划和工作推进表，分解撰写任务，明确成果目标、责任分工、进度安排，对整个流程给出具体而详细的日程规划，确保按时完成预期目标。

# 第三章
## 提纲搭建阶段

　　明晰主题、厘清素材后，即可开始构思调研报告的整体框架，并将这种框架转变为具体的撰写提纲。调研报告提纲是调研报告的骨架，也是整篇报告的设计蓝本。从写作程序上讲，搭建提纲是动笔行文前的必要准备。它包含了对调研的目的、研究对象、研究方法、调研结果等重要内容的构思，为整篇报告的结构和逻辑奠基。在撰写调研报告之前，构思一个好的文章纲目、制定一个合适的报告提纲，能起到事半功倍之效。纲目中确定的方向科学、要点到位，是写成一篇好调研报告的坚实基础。从某种程度上说，一份成熟的提纲列出来后，相当于一篇调研报告已经写出了一半。调研报告提纲的重要性由此可见一斑。

## 一、调研报告提纲的重要作用

　　草拟提纲是一项重要的写作准备工作。无产阶级革命家陶铸先生曾对拟定提纲的重要性和必要性做过深刻阐述，他说："目的确定以后，最好先拟定简单提纲，写稿提纲和发言提纲的作用一样，是为了文章有组织（短文当然可以不用）。按提纲写稿子，有多样的好处：一是可以帮助你组织材料；二是可以使想问题周到；三是免得一面写一面想，写时不讨好，又可以避免遗漏。"

诚然，通过对调查所获取的资料进行整理，可筛选出许多有用资料。这些资料如同许多散乱无序的珍珠、玉片堆放在盘子中，还需要有一根金线将它们串起来，才能变成光彩照人、珍贵无比的项链饰品。调研报告提纲在调研报告写作中就扮演着"金线"的重要角色，有了一个好提纲，就能纲举目张、提纲挈领，将各种事实、观点贯穿起来，保持内容的条理和结构，也方便受众快速抓取核心信息、把握调研报告的主旨内容。

掌握全篇调研报告的基本骨架，使报告的结构完整统一，就能分清层次，明确重点，周密地谋篇布局，使总论点和分论点有机地统一起来；也就能够按照各部分的要求安排、组织、使用资料，决定取舍，最大限度地发挥资料的作用。可见，提纲在调研报告写作过程中的重要性、必要性不言而喻。

**（一）于组织（主持）者而言，有利于把准写作方向，指导后续撰写工作**

提纲是报告内容的总体框架或轮廓，是经过对材料的消化与进行逻辑思考后形成的初步设想，可以说是起草报告的"施工图"，是后续照"图纸"施工的重要依据。调研报告撰写组织（主持）者，作为报告起草的"总指挥"，有了这张"图纸"，可以据此逐步展开素材利用、初稿撰写组织工作，为推进调研报告起草提供有效指导；可以始终做到"心中有数"，照图组织施工，统筹安排先写什么、后写什么，这里需要什么材料、那里需要什么材料，前后如何表述一致，详略如何安排，重点放在哪里，哪里需要进行注释或解说，确保撰写过程方向正确、指导有章可循、组织有条不紊。

## （二）于参与起草者而言，有利于厘清思路、统一步调、谋篇布局

编写提纲就是设计调研报告的大致框架和逻辑图表，它可以帮助起草者理顺头绪，明确层次，统观全局，分清主次，构建全面而系统的思路，确保调研报告的逻辑性和连贯性。对于多人共同参与撰写的调研报告来说，提纲的搭建过程也是一个统一思想、凝聚共识的过程，在提纲的碰撞中，参与起草者可以进一步统一认识、统一步调，树立全局观念，提高构思能力，更好地按照提纲进行分工与协调，减少因工作忙、写作过程断断续续而思路中断带来的影响，避免因参与者较多、各自写作引起的内容交叉重复与疏漏，也为后续调研报告统稿、修改工作打下良好的基础，从而提高写作效率。在撰写过程中，按照经领导审定的提纲动笔写作，可以使起草者少走弯路，最大限度地避免出现偏离上级意志、偏离主题的错误，甚至不必要的返工。

## （三）于阅读者而言，有利于快速了解全貌、提出建议

一份好的调研报告提纲，可以通过清晰的逻辑和简洁明了的叙述方式，将文章的结构、内容和主题融在一起，保持前后的统一，让调研报告的阅读者、审读者更快捷地了解和掌握报告的总体思路、核心观点和主要内容，对调研报告的全貌和精髓有大致了解，也有助于各有关方面通过调研报告提纲这一载体高效沟通信息，对征求意见、提出建议、提高审批效率等都大有裨益。同时，提纲也是调研报告内容的集中凝练，提炼出来的纲目后续还可用作调研报告正文的观点和小标题，富有思想、高度概括、整齐划一的提纲，还可有效提高报告的可读性和易读性。

此外，调研报告起草者如能养成草拟提纲、带提纲请教工作的习惯，每次先把自己的思路写成提纲，再去请教他人、给领导报审，让人一看能懂，这样将更便于阅读者快速提出修改和补充意见，从而得到更有效的指导。

## 二、调研报告提纲的结构

调研报告写作如同建造房子，搭建架构就是打好地基、立好梁柱，是不可忽视的关键一步。只有搭好"框架"，把"四梁八柱"立起来，写出来的报告才能"骨"挺"肉"紧。地基结构合理，哪怕空间布局、室内装修逊色一点，人们也可以放心入住；反之，如果地基结构不合理，装饰装修再好人们也不敢住。

调研报告的类型很多，由于调研的目的、内容和范围不同，其提纲结构形式也不尽相同。这里主要围绕调研报告主体部分的提纲写作，介绍几种常见的结构形式。

（一）递进式结构

递进式结构通常是按照事物发展的顺序或调查的流程安排结构层次。常见的递进式结构形式一般按照介绍情况或问题，分析原因或利弊，提出对策、意见和建议的顺序展开，可以依次分成三大部分来写。也可以分成两大部分，先介绍和分析情况，再提出对策建议。如以时间为线索，把事物的发展过程分为几个阶段，列出小标题，每个小标题表示事物发展的一个阶段，把调查中掌握的事实一个阶段一个阶段地说清楚，使人读后了解其概貌和来龙去脉，理解其总结的经验教训。这种结构形式有利于说清问题，也便于受众了解事情的全过程，适合对典型单位和个人的调查，或对某件事情发展演变过程的调查。

## （二）并列式结构

并列式结构通常是把调查情况和对策思考结合起来安排结构层次。这种结构形式适用于内容丰富、背景广阔、综合性比较强的调研报告，即在主题形成之后，把调查的事实和形成的观点按性质和内在逻辑，分成几个并列的部分，分别叙述，从不同方面说明调研报告的主题。这种结构的特点是观点鲜明，重点突出，问题展得开，论述集中，条理清楚。

## （三）综合式结构

综合式结构兼有递进式结构和并列式结构的特点，可以以纵为主、纵中有横，也可以以横为主、横中有纵。介绍情况或问题用递进式结构，剖析原因、阐述经验、提出对策建议用并列式结构；或者上一层次用递进式结构，下一层次用并列式结构；亦可上一层次用并列式结构，下一层次用递进式结构。综合式结构形式多适用于介绍经验做法，反映事故案件，推介新事物、新做法的调研报告。

# 三、调研报告提纲的写法

调研报告提纲作为对调研成果进行整理和总结的重要文件，其目的是用简短的文字、清晰的结构将调研的目标、方法、结果和建议梳理出来，并提纲挈领地列出主要观点和论据，为正式撰写调研报告做准备。在动笔将提纲思路付诸文字之前，要对调研过程做一次复盘，结合确定的主题、采集的素材对调研报告将要呈现的内容和形式做一次整体设计。这个设计成果反映在书面上即为调研报告提纲。

调研报告提纲主要有两种写法：一种是内容概述式提纲；另一种

是观点提要式提纲，也可以将这两种方式结合起来制作提纲。

（一）内容概述式提纲

内容概述式提纲即列出调研报告的大体框架，将整体分为几个部分，对每个部分的主要内容是什么，层次如何安排，先写什么、后写什么，哪部分详写、哪部分略写等做出统筹考虑和说明。这种提纲侧重于标注撰写要点，起到撰写指引和内容提示的作用。

【例文】

## 国家扶贫开发工作重点县
## "互联网+"特色农业发展专题调研报告参考提纲

××省（区、市）调研总体安排、概况，"互联网+"特色农业发展主要结论（500字以内）。

一、"互联网+"特色农业发展总体情况

（一）××省（区、市）国家扶贫开发工作重点县基本情况

（二）××省（区、市）国家扶贫开发工作重点县农业发展概况

（三）××省（区、市）"互联网+"特色农业发展的总体判断、主要特点

（四）……

二、"互联网+"特色农业发展探索实践的成效与经验

本部分为调研报告重点，在调研的基础上认真分析提炼。

（一）主要做法

颁布的政策、实施的项目、投融资、体制机制创新、人才引进与新农民培育等。

（二）取得的主要成效

利用互联网思维和技术做大做强特色农业、发展新业态新商业模式、对农民持续增收的贡献等方面，应有20××年年底、20××年年底的数据对比分析，并对20××年进行展望。

（三）经验总结

从"互联网＋"特色农业的创新实践内容中进行提炼总结。

（四）典型案例

包括"互联网＋"特色农业政策创设与机制创新、特色产业链重构、特色产业生产效能提升、特色产业价值链提升、生产性服务组织发展、农民信息化素养提升等方面的典型案例或范例，可以是县域层面、乡村或新型农业经营主体以及互联网企业的"互联网＋"特色农业探索实践，每个省份选择约5个最具典型代表性的样本进行剖析总结。

三、"互联网＋"特色农业发展机遇与挑战

内容包括生产、加工、销售、品牌，产业链、价值链，质量控制，市场半径、市场份额、供需情况等方面。

（一）基础条件及政策环境

（二）调研中发现的困难和问题

（三）国家扶贫开发工作重点县对"互联网＋"特色农业发展需求情况

（四）省（区、市）需求

（五）调研体会

四、深入推进"互联网＋"特色农业发展的对策建议针对发展特色农业过程中存在的困难和问题，立足发挥"互联网＋"的引领驱动作用，提出未来3年亟须采取的政策措施建议。

调研组：单位姓名，×××，×××，×××

〔来源：中华人民共和国农业农村部．农业部办公厅关于开展"互联网＋"特色产业扶贫专题调研的通知〔EB/OL〕．中华人民共和国农业农村部网站，2017-08-30．〕

（二）观点提要式提纲

观点提要式提纲是按层次意义表达上的章、节、目，逐一地将调研分析形成的观点，初拟成大小标题形式，按逻辑关系一一地罗列出来，使之层次清晰、简洁直观地呈现整篇调研报告的核心内容。这种提纲侧重于提炼观点，让人一目了然。一般细化到三级标题，也可以根据调研报告规模体量，酌情调整提纲的详略程度。通常而言，提纲越细，指导性和可操作性就越强。

【例文】

## "双减"政策实施情况调研报告提纲

一、调研背景及基本情况

二、"双减"政策的实施现状

（一）教育管理部门方面

（二）学校与教师方面

（三）社会与家庭方面

三、"双减"政策实施中存在的问题

（一）"双减"政策价值取向的误解

（二）"双减"政策实施环境的空缺

（三）"双减"政策运行监督机制的缺乏

（四）"双减"政策的实施与反馈缺位

四、"双减"政策实施的影响因素

（一）"双减"政策自身的因素

（二）"双减"政策实施者的因素

（三）"双减"政策实施环境的因素

（四）"双减"政策牵扯到社会各个方面的利益关系

五、推进"双减"政策实施的对策思考

（一）明确"双减"政策的价值所在

（二）改善"双减"政策的实施环境

（三）加大"双减"政策的监督力度

1. 市政相关部门建立专门监督机构加强对"双减"工作的监督

2. 招募志愿者参与监督"双减"工作

3. 加强网络监管，打击违规网络教育培训机构

（四）加强"双减"政策的反馈与评估

1. 降低学校课业负担

2. 整顿校外培训机构

（五）调动"双减"政策参与者的积极性与主动性

（六）协调好社会各方面的利益关系

〔来源：王中华，王婧. "双减"政策实施的问题、影响因素及对策〔J〕. 黑龙江教师发展学院学报，2023（3），有删改.〕

## 四、搭建调研报告提纲的方法

调研报告提纲是调研团队思想和观点的"纸面化"。这份提纲的酝酿形成可能基于领导者提出的某一想法，可能源自调研团队某个核心成员的思想火花，也可能是完全没有头绪下的观点碰撞。不同的调研任务、不同的调研团队、不同的调研方法，往往也会匹配不同的提纲搭建方法。

### （一）分头拟制法

确定主题、梳理完成素材资料后，在时间允许的前提下，可以将提纲拟制任务分别下达给每个调研报告的起草者，让大家共同使用相关资料，根据各自的调研实践与领悟，分别拿出一份提纲，最后交由主持者统筹审核和综合利用。这种方法适用于调研报告撰写时间充裕、调研团队成员参与程度较高且个体综合素质差异较小的情况。

### （二）一人主笔法

一人主笔法是指由调研报告起草主持者或执笔人牵头，综合各方面调研资料，独自拟制调研报告提纲初稿，再向其他参与者征求意见建议、共同补充完善。这种方法适用于调研主题较小、撰稿时间较为紧张、调研人员总体素养不太均衡的情况。

### （三）会议集体议定法

有的调研过程较为复杂，各方反馈的信息存在差异，这时宜采取召开会议、集体会商的方式来拟定调研报告提纲。具体而言，可由调研报告起草主持者组织，引导调研团队成员结合各自体会和理解，按照职务从低到高的顺序，依次充分发表意见、提出提纲思路。若时间充裕，针对不同意见还可开展"头脑风暴"和研讨比较，最后根据达成的共识整理形成提纲，达到发扬民主、集思广益、提高工作效率的目的。调研主题较宏观、撰写难度较大、信息资源需要充分交流、思想观点需要相互碰撞的情形也适用于这种方法。

## 五、调研报告提纲的注意事项

调研报告提纲，看似篇幅简短，只有寥寥数语，但要写好并不容易。在构思提纲写作时，包括提纲搭建和修改过程中，应注意做到三个把握。

### （一）把握原则

拟定提纲时一定要把握好原则。其总体原则是：围绕主题，层层进逼，环环相扣。提纲是对主题的全面阐释，只有紧扣主题来搭建调研报告的"骨架"，才能确保提纲方向不跑偏、主线不偏移、内容体系不零散。提纲编制就像"剥笋"，需要一层层地进行，剥完大层再剥小层、剥完外层再剥里层、剥完上层再剥下层。这就是调研报告的逻辑性、层次性和条理性在提纲搭建上的充分体现。要在调研主题的统领下，做到立论正确、论证有力，条理贯通、层次分明，前后呼应、头尾一致，标题与正文之间、大标题与小标题之间、论点与论据之间，都要有严密的内在逻辑联系，从而支撑起调研报告架构。

### （二）把握质量

拟制调研提纲，要讲究专业度、细致度，不能笼而统之、大而化之，一定要把内在的逻辑关系掰开揉碎来分析。不能总是凭老经验：凡是总结经验，就是列出某工作的主要做法、取得的成效、几点启示；凡是研究问题，就是列出某情况的现状、存在的问题、对策建议。这样的"提纲"过粗过浅，很难启发和引导受众进行更深入的系统思考，会使调研报告的指导价值和可行性大打折扣。

（三）把握篇幅

一般而言，调研报告的篇幅相对较长，在搭建框架纲目时，以三部分至五部分为佳，每一部分再细分下去。大的纲目不能太多也不能太少。需要特别注意，不能没有纲目，从头连到脚，让人读起来抓不住重点。有的调研报告只有四五千字，但分了七八个部分，这又会导致各部分内容太薄太空、泛泛而谈。

调研报告提纲可繁可简、可详可略。简单的提纲，只需写出调研报告的各个层次，列出各个层级的标题，可能只有几十字或几百字。详细的提纲不仅会列出各个层级的标题，还会在各个标题之下细致提示内容和延伸阐述，可长达数千字，具体的内容在报告起草过程中再根据实际情况取舍或动态调整。

当然，一篇调研报告提纲具体写哪几部分，细化到什么程度，是列出一级标题还是二、三级标题，甚至细化到再下一层级，要根据调研规模、调研范围、调研主题的大小而定，依照作者的思路、观点来确定具体的文章纲目、要点。但对于一篇调研报告打算通过哪几个部分或哪几个方面来阐述，每个部分或每个方面又分几个小点等，一定要事先有个粗略的思路。在拟制纲目时，尽可能地把自己想到的观点或要点记下来，再分入各纲目，以免遗漏。这些都是提纲撰写阶段需要考虑的问题。无论如何，有了提纲，起草调研报告时相关人员心中就有了底儿。

# 第四章
# 初稿起草阶段

在调查研究选题得当、获取资料丰富可靠、分析研究深入细致、调研提纲基本确定的情况下，调研报告即转入初稿起草阶段，这是调研报告写作的行文阶段。掌握相应的写作规范、方法和技巧，是每一位调研报告起草者的必修课和基本功。

一份完整的调研报告文本，一般由标题、导语、正文、结尾、落款、附录"六大要件"构成。单位内部用于呈报的调研报告，还应标识主送机关名称。任何调研报告的结构模式基本都要在这个框架内适配。要有条不紊地写好调研报告，就要逐一掌握每个要件的写作规范，努力在初稿起草阶段就做到高质量。

## 一、调研报告的标题起草

调研报告标题，是对调研报告内容的高度概括，起到提纲挈领、画龙点睛的作用。一则好的标题，有着新颖醒目、题文相符、一语中的、揭示主旨，富有吸引力和感染力等特点，可以准确传递关键信息、有效吸引受众注意。

调研报告的标题主要有以下三种常见形式。

（一）公文式标题

按照公文标题三要素俱全的要求，完整的调研报告标题结构为"调研单位名称＋关于＋事由＋的＋文种"，如《××省政府办公厅关于深化国有企业改革的调研报告》；也可酌情省略调研单位名称等部分要素，只保留关键要素"事由"和"文种"，标注为"关于＋事由＋的＋调研报告"，如《关于××市民营摩托车出口情况的调研报告》。

标题中的文种名称，可用"调研报告"或"调查报告""考察报告"，也可用"报告"，而将"调研"或"调查"关键词移入事由，如《××市关于粮食安全保障立法调查情况的报告》。

稳妥起见，政治意义比较强、活动规格比较高、报送程序比较正式的调研报告，在拟制标题时用公文式标题为宜。它可以让受文对象一看就知道是谁行文、调研主题是什么，文种使用也规范，符合公文的标准，给人以庄重、权威的第一印象。

（二）主旨式标题

这种标题通常直截了当，开门见山地揭示调研报告的写作意图及要达到的目的，给人直接鲜明的印象。例如，《湖南农民运动考察报告》《××市农民饮水困难的调研报告》《××监察局对××单位2022年滥发奖金情况的调查》《××省农村股份合作制运作情况调研报告》。此类标题，意图明确，重点突出，清晰醒目。

（三）文章式标题

文章式标题也称新闻式标题。这种标题写法灵活多样：既可以直接叙述事实，如《加强和改进国有企业党的建设工作》；也可以凸显个人经历，如《家庭环境对个人的影响》；甚至还可以用"形象画面"

暗示标题内容，如《"霓虹灯"下新哨兵》。这些标题可以直接说明调研报告的事实、要点，或阐明作者的观点、看法，或对事物做出准确的判断、评价。这类标题形式常用于媒体刊发的调研报告。

在具体呈现形式上，这类标题又可分两种。

### 1. 单式标题

单式标题，即用一两句话概括内容、点明主旨或提出问题，如《××村靠山吃山走上致富路》《狠抓技术改造 实现扭亏增盈》《电商降价大战原因何在？》《会所经营中的歪风是从哪里刮起来的？》《××班子为何出现"塌方"式腐败》。

### 2. 复式标题

复式标题，即正副题结合式标题，一般正标题是文学式标题写法，副标题是公文式标题写法。其中，正标题揭示调研报告的基本结论或主旨思想，是对调研报告画龙点睛式的描述，常见的句式有设问式、比喻式、引申式、并联式、警句式等，如《激活一池春水》《战士自费看病为哪般？》《低学历干部：谁来为他们领跑？》；副标题标明调查的地点、对象、内容、范围和研究的具体问题等。例如，《"我们农民的文化生活也是大事"——××市农村文化调查》《为了造福子孙后代——××县封山育林调研报告》《改革出思路 发展天地宽——××市部分供销社改革与发展情况调查》等，都是通过正副式标题，突出调研主旨、引起广泛关注、启发受众思考，收到新颖、生动、鲜活、传神的效果。也有的正标题揭示调研主旨内容，副标题补充说明调研样本具体情况，如《××省大学生应用写作能力现状调研报告——以××大学为调查样本》。

复式标题的特点是前虚后实，且带有一定的文学色彩，正标题（虚标题）突出思想性，重在说理，着重揭示事实中所蕴含的道理、思想、精神等，让人一看就知道调查的意义及价值；副标题（实标题）体现指向性，直奔主题，注重叙事，着重表现调查事实中的人物、事件、时间、数量、地点等要素，让人一看就明白调查的对象是什么。例如，《希望的火花——××电子一条街调查》《别给企业添乱——××公司经营情况的调研报告》，这两个报告的正标题"希望的火花""别给企业添乱"都是虚标题，但其中蕴含着道理，能给人以启示，对推动行业经济发展能起到积极作用；副标题都是直指调研主题，反映现实生活中人们普遍关注的问题，有比较大的参考价值。

调研报告标题的拟制，既要准确概括报告的内容，又要正确处理实标题与虚标题的关系，传递更多的细节、更为丰富的语意，从而增强标题的表现力。

## 二、调研报告的导语起草

导语，也称开头、前言、引言，以精练简洁的语言，概括地介绍调查研究的目的、调查对象、调查方法、基本过程、基本结论等主要内容，勾勒出一个大致轮廓，让受众对调查对象或调查主题有个总体印象，使其把握全篇要旨，产生阅读兴趣，起着引领全文、导入主体的作用，可为正文写作做好铺垫。导语通常由一个自然段构成。就一篇调研报告的导语来说，上述内容不必面面俱到，可根据调研目的和实际情况确定侧重介绍内容。

调研报告导语的写作方法很多，有的概括主旨、开宗明义，有的提问设悬、引起注意，有的结论先行、总领全篇，没有固定形式和硬性要求。下面介绍几种常见的写法。

（一）概括式

概括式即简要介绍调查工作的基本情况，如开展调查的缘由、目的、时间、地点、对象、范围以及调查组织的人员构成、调查的方式方法等，并概括说明调研报告的主要内容或基本结论。具体概述哪些要素，可视表达需要而定。反映社会情况、介绍新生事物等的调研报告常用此法。例如：

为进一步推动社会保障工作，根据省政协安排，第二调研组一行 10 人，于 2023 年 6—7 月，深入 ×× 市等地开展调查研究。调研组通过听取汇报、走访座谈、实地查看等方式，重点对城镇企业职工养老、医疗、失业保险，×× 市 ×× 县新型农村合作医疗，×× 市 ×× 区城市和农村居民最低生活保障工作开展情况进行了调研，掌握了大量第一手资料，开展了深入分析研究，形成了有针对性的调研报告。

（二）设问式

这是指抓住调研报告的核心内容，以提问的方式开头，引起受众关注，后续再具体介绍。即开头首先提问设悬，然后针对问题，说明调查的主题和调查范围以及方法、结论等。这种写法多用于研究问题、查证事实真相等的调研报告。例如：

×× 市国资系统工会在企业改革中参与了哪些工作？企业改革对工会有哪些影响？工会在企业改革中发挥了什么样的作用？新

形势下工会自身是否也需要进行改革？在哪些方面需要改革？带着这些问题，市总工会、市国资委有关部门组成联合调研组，于2023年第二季度先后赴市内和县（市、区）部分基层工会开展了深入调查。从调查情况看，工会组织作为国有企业的职工之家，在维护职工权益、促进劳动关系和社会和谐、推动企业高质量发展等方面发挥了积极作用，但在国企改革持续深化的新形势下，工会工作还存在一些亟待改进的问题和不足，需要引起高度重视、认真研究解决。

## （三）议论式

这是指以议论笔调在开头点明开展调查的主旨，揭示调研报告的中心内容，通过简洁有力的阐述把问题提到一定的高度，强化受众对所调研对象重要性的认识，以期更好地引起阅读者的重视。这种开篇之法，较多用于研究问题、揭露问题及总结典型经验的调研报告。例如：

重婚犯罪不仅败坏社会风气，影响和破坏精神文明建设，而且极易诱发伤害、凶杀等犯罪，严重危害社会秩序。2023年第二季度，××省××县人民法院对××年至××年间办理的100起重婚案件中的145名重婚犯的特点、犯罪原因等情况，进行了调查分析，为社会治安综合治理采取的防范措施提供了依据。

## （四）结论式

这是指在开头部分将调查研究的结论托出，总领全篇，纲举目张。开门见山，直接概括出调研的结果，如肯定做法、指出问题、揭示观点、说明中心内容等。研究问题及总结典型经验的调研报告常取此法。

例如：

企业必须有必要的自主权，才能发挥其应有的潜力。××省××市××旅游区的建设和发展，再次说明了这个道理。2023年6月，××市文化和旅游局办公室组织赴××旅游区开展了为期一周的蹲点调研，通过一线走访、个别座谈、随机问卷调查等多种方式，为旅游区下一步发展破除难点、堵点开出了对症"药方"。

（五）报告式

报告式类似法定公文"报告"开头的写法。简略陈述开展调查的缘由及调查事项后，用报告过渡语承启转入主体。送呈上级和本单位领导审阅的调研报告常以此开篇。例如：

根据国务院领导同志的指示，2023年9月，由商务部牵头，国家发展和改革委员会、财政部、中国人民银行、审计署、农业发展银行等部门参加并组成调查组，对××、××两省粮食企业严重亏损的情况进行了调查。现将调查情况报告如下。

以上几种写法，有的调研报告只用其中的一种，有的兼用二种或三种，使之交融组合。我们在实际应用中不可拘泥于定式，要善于根据实际情况灵活变通。同样，上述所提示的某种写法适用于某种类型、某种场合的调研报告，也是就通常情况而言，并非不可变易之规矩，起草者宜根据写作目的和行文需要酌定。但无论采取何种写法，均应体现"导"的特征，紧扣主旨，简明扼要，提领全篇，利于尽快导入主体，并避免与主体内容重复。要力求文字精练、言简意赅，概括性、逻辑性强，避免啰唆，喧宾夺主。用尽量少的笔墨，反映整篇调研报告最核心的内容，产生"窥一斑而知全豹"的作用，让读者一看导语，马上就能够认识到调研报告的价值，激发起强烈的阅读欲望。这就好比请客人赴宴，端上来的第一道菜，就要唤起客人的强烈食欲，只有这样，才能逐步把整个宴会推向高潮。写调研报告也一样，一定要把整篇文章中最精华的东西放在开头，使读者一眼就看到亮点。

## 三、调研报告的正文起草

正文是调研报告的主体，重点回答调研对象的现状是什么、为什么会是这样的、下一步怎么办等问题。这部分详述调查研究的基本事实、主要做法、典型经验，以及分析研究得出的各种具体认识、观点和结论。它对调研得来的事实和有关材料进行客观介绍，对问题背后的原因、成绩背后的经验进行深度分析，对将来面临的形势、下一步应对的策略举措进行系统性研判。调研报告的正文内容一般点多面广，要精心安排结构层次和素材，进而有步骤、有次序地为表现主题服务。

### （一）正文的主要内容

正文是调研报告的主干和核心，是导语的引申，是结论的依据。它承接开头，对导语部分所提出的问题进行阐述说明，依次展示调研报告的主要内容，包括调查所得的情况，经分析研究形成的观点及调查研究的结论等。调研报告中关于事实的叙述和议论主要都写在这部分，是充分表现主题的重要部分。写作时起草者应根据调研报告的种类、内容、主旨及开头的写法，对材料、观点等做有序安排，除内容单一、篇幅短小的外，一般均应分设小标题，或列条目，或用序号，分为若干部分来写。正文写作总的要求是：内容充实、层次清晰、详略得当、重点突出。

调研报告的正文部分该怎么写？首先要考虑两个前提。第一个前提是主题。要围绕如何更好地表现主题、说明主体，来决定安排几个部分，材料如何摆布。第二个前提是布局。按照围绕主题确定的结构来谋篇布局，来安排观点，选择材料。

从大的方面来讲，调研报告的主题可以归为两个大类，一个是调研正面的经验，另一个是调研反面的问题。依据这个归类方法，调研报告正文大多可以按以下三个部分来安排内容。

第一部分是基本情况。主要是调研对象的概况概貌，包括事件、事物的现状、发生及发展过程，调研发现的问题和有待改进之处，有关典型事例，调研得到的统计数据，历史背景资料等。这部分内容的呈现可以使受众对调研对象形成比较完整、客观的印象。

第二部分是原因分析或经验归纳。包括对所调研的现象、新生事物出现的背景进行阐述，对调研过程中所发现问题产生的原因展开剖析，对工作中形成的典型经验进行梳理，对调研对象的社会价值、社会影响做出具体评判，对调研事物的发展趋势做出科学预测或推断，揭示事物发展的规律。这部分内容的呈现有助于受众加深对调研主题的理解。

第三部分是对策建议或思考启发。这部分包括针对调研过程中所发现的问题和不足提出可操作性强的对策举措、改进建议，针对所总结的经验和教训提出下一步推广建议、反思汲取的理性思考等。提出对策建议，要注意把握：一要站在领导者的角度去思考，看其是否着眼长远、总揽全局，具有较强的指导性；二要站在执行者的位置去思考，看其是否正确合理、切实可行，具有可操作性。总体而言，要做到大处着眼、小处着手，既立足于大目标、又落脚于实措施，力求条条行得通、件件能落实。这部分内容的呈现可以使受众从中获得对调研报告成果应用的有益启迪。

### （二）正文的结构形式

调研报告有着较为固定的结构模式，即分为"情况、问题、建议"三大部分。有时在"情况"部分会增加"特点、启示"的概括，有时在"建议"部分会增加"发展形势"的分析，但"三段式"基本框架是相对不变的。例如，反映基本情况的调研报告，一般采取"情况—问题—建议"式结构；揭露问题的调研报告，一般采取"问题—原因—意见或建议"式结构；介绍经验的调研报告，一般采取"成果—具体做法—经验启发"式结构；揭示案件是非的调研报告，一般采取"事件过程—事件性质结论—处理意见"式结构。

若根据各部分内容之间内在的逻辑关系来安排正文框架结构，一般采用如下几种方式。

### 1. 纵式结构

这是一种行文层次朝纵向展开的结构形式，按事物产生、发展、变化的过程或者论证逻辑的先后顺序来组织材料，说明、分析问题，各部分之间是层层递进、由浅入深的关系。这种方式线索单一，脉络清楚，使读者既了解事情的来龙去脉，又从中得到经验教训。一般注重反映事件全貌的情况调研报告和揭露问题的调研报告的正文多使用这种结构方式，有助于受众对事物发展有深入、全面的了解。大体又可分为三种。

（1）直叙式。即以时间先后为序，或按调查工作的进展及调查者行踪为序，由始及终，分阶段写作，逐段介绍事实、说明情况、分析评价。如《三年跨了三大步——关于××公司技术改造情况的调查》就是逐年介绍该厂如何提高认识、统一思想、狠抓技术改造、提高产品质量、促进产品更新换代、经济效益不断攀升等情况，展示了思想认识变化与生产经营面貌变化的过程，从中总结出经过不断完善而形成的经验。不少反映新生事物的调研报告，按新事物萌生、发展、现状、趋势的思路行文，也属于这种形式。

（2）递进式。即按"提出问题—分析问题—解决问题"的逻辑铺展内容，层层推进，逐步深入，得出结论。反映社会情况的调研报告常取介绍调查所得情况、肯定成绩与分析问题及原因、提出意见或建议的"三段式"写法；总结典型经验的调研报告采用"做法、成效、体会（经验）"的写法，其结构形式也属此种。例如，一篇《××区民营经济状况调研》，其正文即从民营经济规模逐步扩大、促进民营经济发展的主要措施、值得重视的一些问题、有关建议等层层深入展开。又如，《关于农民看病难住院难问题的调研报告》的主体部分，先是概述基本情况，接着再有理有据地介绍农民看病难住院难的状况和原因，然后着重深入分析"农村经济不发达，部分农民生活贫困，无力支付医药费"和"农村医疗条件差，解决不了或不能完全解决农民看病住院中的医疗问题"两大原因，最后对进一步加强农村医疗卫生建设提出建议。这种摆出情况、以事明理，层层深入分析、以理服人的结构方式，使调研报告更具逻辑性和说服力。

（3）因果式。这种结构可谓是递进式的一种特殊形态，可以由因寻果，也可由果溯因。在具体运用中，以先言果后析因较为多见。例如，《××集团公司改制重组扭亏增盈情况调研报告》，即先介绍企业重组取得的成果，再分析成功原因，从而总结经验。

## 2. 横式结构

横式结构即紧紧围绕主旨，把调查得来的情况、经验、问题等，按照事物内部的联系进行分类归纳，分成一个问题的若干方面或者并列的若干问题，对有的问题，可根据情况再细分成若干小问题，从不同的角度加以综合分析和阐述说明。具体做法是，将调查所得材料和研究形成的观点按性质归纳并分类，每类用小标题或序号加以概括或提示，分别阐述；也可于段首设"首括句"加以区分，分段叙述而不用序号。如果是涉及不同地域或单位且相互间又无直接关联的，则可按空间分布安排。

从内容上看，这些并列的项目可以是各类情况、各项成绩或问题、各种因素或原因、各方面经验或教训等。从形式上看，这些内容总是分条列项有序地横列在一起，而每条、每项、每部分先提炼出一个观点做小标题或者段首句，有时每条、每项还标出序号。这样，从形式到内容都显得条理清晰、层次分明。

横式结构的特点是各部分、各条之间并列，可有轻重之分而无时序、层递等关系，便于把经验、问题及原因逐条阐述清楚，因此总结典型经验的调研报告与揭露问题的调研报告常予采用。例如，《×地乡村污染治理情况调研报告》，从生活垃圾污染、畜禽养殖污染、农药化肥污染等多个角度依次呈现，条理清晰，观点鲜明，重点突出，使人一目了然。

### 3. 纵横式结构

纵横式结构即把上述两种结构结合起来，兼有纵式结构和横式结构的特点，互相穿插配合，组织安排材料。这种结构形式常用于内容丰富、层次较多的调研报告，一般是在叙述发展的过程中用纵式结构，而介绍成绩、剖析原因、阐述经验教训、提出对策建议时采用横式结构。有时以纵式为主、夹杂横式，有时以横式为主、夹杂纵式。其优点是比较灵活、实用，既有利于按照历史脉络讲清问题的来龙去脉，又有利于按照问题的性质类别深入展开讨论。

例如，《××地区机关事业单位工资收入分配调研报告》就属总体用纵式、所属各部分用横式的结构。其主体分为三个部分："一、西北地区工资、收入分配中的主要问题""二、工资、收入差距扩大的原因""三、西北地区工资、收入形成和分配机制转换的若干对策"。这三部分逐层推进，环环相扣，属纵式结构；而各部分均分条阐述，各条间为横向并列关系。

《现代管理需要美学——××纺织厂应用技术美学的调查》则是以横式为主、纵式为辅的方式安排结构的。该调研报告主体划分为并列的七个方面：按照美学原则考虑厂区规划和建筑布局；绿化厂区，美化室外环境；改善车间光线，协调车间色彩；改善车间空气环境；调整车间人和物的秩序，播放音乐，消除疲劳等。这七个方面内部的安排，则基本上按照事物发展过程或阶段安排介绍"过去"与"近年来"的情况，用的是纵式结构。

此外，还有对比式、总分式等结构形式，不过它们往往融入上述三种形式，这里不做赘述。调研报告的正文部分无论采取什么结构形式，内容上都应包含但不限于调研背景、调研目的、调研意义、文献综述、研究思路、研究方法、调查结果、对策建议、启示、结论、研究的局限及展望等，做到先后有序、主次分明、详略得当，联系紧密、层层深入，为更好地表达主题服务。

### （三）不同类型调研报告正文的写作

调研报告总体上有综合型、经验型、开拓型、揭露型、反映型、专题型、史实型等，虽然不同种类的调研报告，其格式与写法大致相同，但由于强调的重点和要求不同，具体写法也有一定的区别。相关人员必须"到什么山上，唱什么歌"，才能提高撰写质量。下面对几种常用调研报告的写法进行分类探讨。限于篇幅，正文部分的写作案例主要以提纲形式呈现。

#### 1. 反映基本情况的调研报告

这类调研报告主要用于反映某一单位、某一领域或某一事物的基本面貌，目的在于报告全面的情况，为决策者制定方针政策、规定任务、采取措施提供决策依据和参考。这类调研报告偏重于反映客观情况，分析研究的成分相对少一些，一般也不要求提出理论性的主题思想。

这类调研报告的主体内容涉及面比较广，在写作上往往采用横式结构。如综合反映一个地区的情况，可从政治、经济、科技、文化、社会等若干方面来撰写；如反映某一方面的专项情况，则可分为基本情况、可圈可点之处、存在的问题等若干方面。当然，每个大的部分还可分为若干小问题来写。

## 【例文】

# 搞清楚农村党支部书记"干什么"这个基本问题

## —— 豫北三村蹲点调研报告

### 一、农村党支部书记"在干什么"

一是抓好农村党建工作。

二是做脱贫攻坚工作。

三是用好村级集体收入。

四是加强基础设施建设。

五是开展农村人居环境整治。

六是搞好基本公共服务。

七是做好疫情防控、防汛救灾、灾后重建等工作。

### 二、农村党支部书记"想干什么"

一是想把基础设施建得更好。

二是想把富民产业发展得更强。

三是想把人居环境整得更美。

四是想把集体收入提得更高。

### 三、农村党支部书记"该干什么"

一是抓班子带队伍，这是基本职责规定的。

二是落实中心任务，这是上级部署要求的。

三是发展产业建设美好家园，这是乡村振兴急需的。

四是办好群众实事，这是乡里乡亲期盼的。

五是搞好乡村治理，这是公共管理职能赋予的。

四、农村党支部书记"能干什么"

一是盘活现有资源。

二是争取上级支持。

三是用好发展机遇。

四是激活村民主体。

五是树立自身威望。

五、几点建议

一是把好入口选准人。

二是精准培训育强人。

三是提升规范管好人。

四是搭建平台激励人。

〔来源：中共河南省委组织部调研组. 搞清楚农村党支部书记"干什么"这个基本问题——豫北三村蹲点调研报告〔J〕. 党建研究，2022（3），有删改.〕

### 2. 反映典型经验的调研报告

这类调研报告主要用于对先进典型进行深入调查分析后，提炼成功的经验和有效措施，以进一步指导和推动工作。其内容主要包括：基本情况、具体做法、经验启示等。

这类调研报告主体部分需要充分展开，不仅要写具体做法，而且要写切身体会；不仅要写感性认识，而且要上升到理性认识。没有具体做法，体会就是空的；不上升到理性认识，感性认识就难以具有重要的指导意义和推广价值。在行文的语气上，要注意区分调研报告与经验总结，经验总结用第一人称，行文语气低调谦虚，而这类调研报告一般用第三人称，行文语气多为热情赞扬。

## 【例文】

# 扎实推进精神富有的实践探索

## ——湖州市打造精神富有市域样板的调研

一、打造精神富有市域样板的工作优势

1. 生态牵引的路径优势

2. 物质基础的发展优势

3. 历史文脉的底蕴优势

4. 区域城乡的均衡优势

二、打造精神富有市域样板的实践探索

1. 坚持立心铸魂，把牢前进方向

2. 坚持价值引领，构筑精神高地

3. 厚植道德沃土，弘扬时代新风

4. 丰富文化供给，赋能美好生活

5. 擦亮生态底色，提升富有成色

三、打造精神富有市域样板的制约与挑战

1. 全面发展方面，与共富要求相比，在均等化上有差距

2. 供需关系方面，与群众需求相比，高品质供给有差距

3. 创新探索方面，与先行要求相比，系统破题有差距

四、新时代扎实推进精神富有实践的有关思考与建议

1. 坚持人民至上，促进人的全面发展

2. 坚持系统观念，统筹构建精神富有工作格局

3. 坚持守正创新，推动精神富有品质全面提升

〔来源：郭慧，赵瑞熙. 扎实推进精神富有的实践探索——湖州市打造精神富有市域样板的调研［J］. 党建，2023（5）.〕

　　具体在写作上，要善用"解剖麻雀"工作法，通过对典型问题的解剖，找出共同的、规律性的内容。重在讲"个别"、以小见大，当然这个"个别"不是鸡毛蒜皮的小事，也不是让人不屑一顾的庸议；这个"小"是从"大"中取出的"小"，是透过它能够见到"大"的"小"，是由这个"小"能够悟出"大道理"的"小"。在典型的抓取上，要做到"全局着眼，一点着手"，着重抓具有典型意义的问题、抓"小中见大"的问题、抓上级政策法规和指示贯彻落实中的问题、抓容易被人忽视的问题、抓看似浅显却潜藏深意的问题。

**3. 推介新生事物的调研报告**

　　这类调研报告主要用于报告和评价新生事物，帮助人们提高对新生事物的认知。新生事物往往代表事物的发展趋势，因此，撰写者在写这类调研报告时要怀着满腔热情，给予新生事物充分肯定和支持。

　　推介新生事物的调研报告的写作，都源于一个"新"字，要着重说明新生事物"新"在何处，指出它们出现的背景，即它们是在什么

样的环境和条件下产生的，经历了什么样的发展过程，遇到了哪些矛盾、困难和问题。另外，不仅要说明它们的性质和特点，而且要指明它们的作用和意义，包括对其发展前景的预测和未来发展方向的展望。由于新生事物处于不断发展变化和日臻完善的过程中，往往不够成熟，甚至存在某些缺点和不足，因而撰写者在调研报告中要如实地指出有待进一步完善的地方和可能带来的新问题，达到支持新生事物、发展新生事物的目的。

它要求撰写者应具备敏锐的发现力和洞察力。因为这种调研报告敏感性强，要敢于扶植具有方向性的新人、新事、新思想、新风尚、新创造，敢于担风险，其目的是让人们接受新生事物，打开新局面。

在写作过程中，撰写者要着力关注本单位、本领域出现的富有时代感的新情况、新问题；要有独特的视角，察人所未察，言人所未言；要抓住萌芽状态的新事物，敢开"第一腔"；要能把握时代的脉搏，抓住事物发展的主流。

## 【例文】

### 消费视角下大学校园内"千米经济"现象调研报告

一、研究对象与方法

1. 研究对象

2. 研究方法

二、调查结果

1. 大学校园内"千米经济"现象的整体情况

2. 不同年级大学生使用"千米经济"服务平台情况

3. 不同生源地大学生使用"千米经济"服务平台情况

4. 不同性别大学生使用"千米经济"服务平台情况

5. 不同专业类别大学生使用"千米经济"服务平台情况

三、讨论与分析

1. 大学校园内"千米经济"服务平台使用情况总体分析

2. 不同年级间"千米经济"服务平台使用情况差异分析

3. 不同生源地间"千米经济"服务平台使用情况差异原因
分析

四、建议

1. 大学生提高自控能力

2. 高校加强宣传教育

3. 社会舆论正确引导

五、结论

〔来源：夏雪，王巧，黄俊娟，等．消费视角下大学校园内"千米经济"现象调研报告［J］．商场现代化，2018（20）．〕

### 4. 揭露问题的调研报告

这类调研报告可细分为两种：一种是为了研究如何解决工作中存在的问题以及不良倾向而撰写的调研报告，其目的在于揭示问题与短板，揭露工作中某些矛盾或消极面，而不在于追究责任者，主要是达到提高认识、吸取教训、改进工作的目的；另一种是为了处理违法乱纪事件或恶性事故而撰写的调研报告，这类调研报告不仅要以确凿的事实分清是非，而且要弄清事件或事故的性质、厘清责任，提出具体的解决办法和处理意见。

就前一种调研报告来说，主体部分结构一般视所反映的问题类型而定。如反映的是一个具体事件，一般采用纵式结构；如反映的是一种倾向和状况，多采用横式结构。在叙述完关于问题的主要事实后，要剖析问题产生的原因、性质和危害程度，扼要提出解决办法或处理意见，也可针对类似问题提出举一反三的预防建议。

【例文】

## 驻马店市基层立法联系点关于粮食安全保障立法调研情况的报告

一、基本情况

二、主要做法

（一）落实党政同责，扛稳粮食安全重任

（二）严守耕地红线，确保播种面积和产量

（三）改善生产条件，推进高标准农田建设

（四）坚持科技兴农，加强良种培育应用

（五）强化要素保障，筑牢稳产保供基础

（六）落实惠农政策，保障农民种粮收益

（七）做好储备管理，常储常新确保储粮安全

（八）注重产业引领，做强做优"国际农都"品牌

三、存在的问题

（一）粮食生产环节

1. 耕地保护面临压力

2. 高标准农田建设管护不够到位

3. 农业现代化基础设施建设相对薄弱

4. 金融保险等社会化服务不够完善

5. 农民种粮积极性下降

（二）粮食流通环节

1. 粮食收储调控能力有待提升

2. 仓储设施建设不够完备

（三）粮食加工环节

1. 初加工产能过剩，中高端粮油产品供给不足

2. 规模化程度不高，品牌建设相对滞后

3. 应急供应的协同性、精准性需要提升

（四）粮食质量安全和市场监管环节

1. 粮食质量安全存在隐患

2. 粮食安全监管力度弱化

四、立法意见建议

（一）从维护国家安全的战略高度保障粮食安全

（二）明确粮食安全保障主体责任、法律责任

（三）推动全面提高粮食综合生产能力

（四）明确规范粮食生产扶持政策

（五）多措并举促进粮农增收

（六）明确粮食安全保障调控机制

（七）强化粮食应急管理与供应保障

（八）持续深化农业供给侧结构性改革

〔来源：刘冬. 驻马店市基层立法联系点关于粮食安全保障立法调研情况的报告〔EB/OL〕. 中国人大网，2022-08-11. 〕

## 四、调研报告的结尾起草

结尾是调研报告全文的收束，其方式主要有结论式、补充式、展望式、建议式、激发式等，写法可不拘一格，关键是要与导语、正文紧密配合，依正文的内容和结构方式而定，同时还须兼顾调研报告的撰写目的与用途。

具体而言，结尾可以对调研报告归纳说明，总结主要观点，强化主旨，深化主题，以提高人们的认识；可以对事物的发展做出前景展望，发出呼吁和号召；可以补充交代正文没有涉及而又值得重视的情况或问题，以引起有关方面的重视，启发人们进一步去探索，促进问题解决；也可以对调查研究工作的深度、广度、准确度做出评价，完成画龙点睛之笔。无论采用哪种结尾方式，都应该写得简洁有力，干净利索，有话则长，无话则短，不能拖泥带水，更不能画蛇添足。有的调研报告没有专门的结尾，可依正文部分的末段自然结尾，意尽言止。

## 五、调研报告的落款起草

调研报告的落款即署名与成文日期。要写明调研单位名称和参与调研人员姓名，以及调研报告成文时间。具体如何标注，可从实际出发灵活运用。

署名的方式一般有以下几种。（1）若调研报告是呈报领导和有关机关的，应在正文之前标识主送机关，并将调研人员署名和成文日期置于正文之后的右下方，即通常所说的落款处。（2）公开发表时，署名多置于标题下一行，居中排布。（3）如需突出调研报告的集体属性，署名时可在标题之下署单位名称，文末以"执笔人：×××"标注参与调研报告撰写人员的姓名。

调研报告的署名，有的是一个人独署或多个人联署，有的是署集体名称，如"××调查组"或"××部门"。

成文日期可在标题之下，于署名之下一行用圆括号括注，居中排布；也可标注在文末位置，于正文右下方署名之下一行。成文日期一般具体到"××年××月××日"，也可只标注"××年××月"。

## 六、调研报告的附录起草

附录是指调研报告正文包含不了或没有提及，但与正文有关必须附加说明的部分。它是对正文的补充、佐证或更详尽的说明。一般包括调查问卷、图表、有关计算细节或技术参数、参考文献等。例如，数据汇总表、项目背景材料、工程技术报告、样本资料及调查期间所使用的文件副本、访谈提纲、调查后记等。

某些不宜放在正文中，但又具有参考价值的内容可以编入调研报告的附录。有的调研报告限于篇幅，也可将部分原始资料、少数典型个案资料、调查统计图表的诠释和说明等，从正文中剥离出来，放在附录部分作为进一步参阅了解的材料。

有些调研报告内容涉及面广、跨度大，查证利用了有关文献、档案资料，也应在文末或附录中标注参考文献。这一方面可以反映调研报告的取材来源、材料的广博程度和可靠性，另一方面也体现了对他人知识成果的承认和尊重。

## 七、调研报告起草的注意事项

把好调研报告初稿的起草关，对调研报告最终质量起着至关重要的作用。初稿质量不高，将很大程度影响后续的修改、审校工作，甚至可能导致"动大手术"或推倒重来。

在起草过程中，撰写者要明确和端正调研目的，坚持实事求是原则，绝不能为了迎合上级的意图、迁就下级的情绪，追风向、赶时髦，调查时偏听偏信，写作时强扭角度，把调查研究做成了表面文章。具体而言，需注意以下几点。

### （一）把正确的观点立起来

撰写者要在认真鉴别、选择材料的基础上，对调研获取的有关材料进行定量、定性、因果、矛盾等方面的分析，由个别到一般，由表象到本质，找出事物的特点与发展规律，从而提炼正确的观点。在起草过程中，要精选最典型、最有代表性、最有普遍意义的材料来支撑观点，善于运用对比的方法突出观点，善于运用数字阐明观点。要注重概括和提炼，善于从素材中归纳提炼最有价值的东西，包括最重要的见解、概括性的表述、核心要义，让调研报告主旨鲜明、观点突出。要将观点和材料有机地统一起来，通过严谨的论证，使观点、结论立得住，经得起推敲。

## （二）把清晰的事实表达出来

要客观陈述调查的基本情况，用确切、恰当的语言反映客观事物的真实现状，还原事物的本来面目。对调研报告中涉及的人物、事件、时间、地点、数据等要表述清楚明晰、准确无误，不夸大、不缩小事实，言论要恰如其分，判断要有根有据，评价要分寸适当，不言过其实、任意拔高，让受众看了调研报告后，对调查对象有清晰、完整的认识。

## （三）把鲜明的问题导向树起来

调研报告不仅要陈述客观情况，还要研究问题的成因并提供解决问题的建议。要起草好调研报告，撰写者应坚持问题导向，如实反映情况。本着对党、对事业、对人民负责的态度，坚持唯实求真，对调查了解到的问题，有一说一、有二说二，不回避绕道、不文过饰非，具备尊重客观事实的勇气和无私无畏的精神；坚持喜忧兼报，既总结各地各部门推动工作良性循环和健康发展的典型经验和做法，又突出问题导向，敢于"挑刺"，指出工作中存在的问题和不足；坚持轻重有别，既反映调查对象的现实状况，又挖掘深层次原因，分析各种因素叠加影响可能带来的风险隐患及发展趋势，精心做好调研成果的"后半篇文章"。

## （四）把精准可行的对策提出来

调研的初衷是找准问题并提出好的对策，既要回答"是什么""为什么"，更要回答"做什么""怎么做"。一份好的调研报告就是要结合工作实际，精准聚焦问题，提出有针对性、可落地、能执行的对策建议。要坚持对策奔着问题去，针对调研发现的问题"对症下药"，"一对一"提出建议，力求具有可操作性。更好发挥职能部门、专家学者作用，调研报告形成后，主动与有关部门、行业专家沟通对接，征求意见建议，确保对策建议参到点子上、谋到关键处。坚持把对上负责和对下负责统一起来，既把准政策要求，确保所提建议方向不偏、跳出部门利益樊篱，又如实反映基层一线和人民群众的期待和诉求，为领导科学决策提供参考，为破解难题找准突破口。

# 第五章
# 统稿综合阶段

调研报告一般是大部头文稿，大多采取组建写作班子、分头负责起草的方式完成，这已成为这类文稿撰写的常规模式。这种方式的好处是分工明确、责任到人，能够有效及时地完成任务，但缺点也比较明显，难免会出现因参与撰写者所处位置、所站角度、思维习惯、行文风格等不同，而形成的文稿差异较大的情况。基于此，相关人员往往需要安排统稿环节，将相对分散、零碎的文稿片段进行综合统筹，在内容结构、表述方式、总体风格等方面形成相对完整、规范、统一的调研报告初稿。

统稿是关键性、全局性的工作。虽然在起草调研报告前，会将撰写方案和篇目框架等大纲分发给参与撰稿的单位和人员，并开展培训交底，但由于起草团队水平参差不齐，或参与起草人员发生变化，加之来自不同单位的起草人员写作思维习惯有差异，往往会出现篇幅过长、体例不同、文风有异等问题。这就要求统稿者在统稿时严格把好关，用一把尺子量到底。这项工作做好了，可以有效地提高调研报告的质量。

# 一、调研报告统稿的组织

统稿是调研报告写作中的重要环节之一，是调研报告总负责人或指定的统稿者把众多起草人员整理、撰写的初稿统一归集到一起，并使之成为逻辑清晰、前后连贯、有机统一的整体的过程。有效的统稿既是一种有益的工作程序，也是一种难得的综合能力历练过程，有助于提高统稿者的组织协调能力，也有利于统稿者对自己的思想方法、文字能力以及综合统筹水平进行再认识。

## （一）统稿者角色安排

调研报告的统稿是一项系统工程，通常需要选优配强专门人员来担此重任，从整体上把控调研报告初稿的各个部分和细节，使之看起来如同出自一人之手。安排什么样的人来负责统稿工作，将在很大程度上决定调研报告的成稿质量。

### 1. 统稿者要担起哪些职责

（1）总揽全局。从总体上说，统稿所要关注的是整体而不是个体，就像乐团指挥所关注的是演奏的整体效果而非个人的演奏水平一样，某一部分哪怕写得再好、再精彩，但若与整体不协调，也要进行必要的调整。调研报告统稿者要增强大局意识和全局观念，发挥好总指挥的角色作用，在对调研报告初稿进行整合的基础上，从全局视角对报告的结构体例、逻辑关系、内容排布、行文风格进行总体把控，提出修改和完善意见，做到分而不散、统而不"死"。

（2）当好信息枢纽。统稿者往往处于信息中枢位置，掌握着来自四面八方的信息资源，包括上级传达的政策法规精神、领导下达的指令要求、相关部门发来的意见建议、外部接收的最新情况等。这些信息都需要通过消化吸收和有效传递，融入调研报告统稿工作。这就要求统稿者保持对各类信息的高度敏感，特别是提高对上级新政策、新要求的敏感性，同时善于收集和倾听基层的声音，牢牢掌握上情、下情、内情、外情，确保上下左右信息对称、传递及时、沟通顺畅，吃透"两头"精神，有效把握调研报告要求，充分领悟领导的想法和意图，发现不周或不当的地方并及时纠正，从而更好地对素材进行权衡、运用，对文稿进行修改、补充，努力提高调研报告的撰写效率和统稿质量。

（3）统筹沟通协调。之所以要求统稿，是因为整篇调研报告被分割成了多个部分，由不同的人参与撰写，虽然在写作过程中，他们被要求遵守提纲和体例规定，但每个人的思想站位、认识水平和写作特点不可能完全一致，有时对调研报告的背景难以准确把握，甚至会产生分歧。这其中就有大量的沟通交流和综合协调工作要通过统稿环节来完成。对于各部分之间存在的交叉、打架、重叠、矛盾等问题，对于存在争议、前后观点相抵触、数据统计口径不一致的方面，统稿者需要及时组织会商，充分发扬民主，研究解决对策，达成思想和行动共识。

针对调研报告统稿难度大、成稿周期长等实际情况，统稿者应在初稿撰写前即予以明确并开始"上岗"履行职责，将一些利于统稿工作开展的要求前置到撰稿阶段，并进行有效传导，确保相关撰写人员都明晰自身责任、知晓共同目标、遵循统一标准。同时，统稿者要加强过程控制，把统稿的标准和要求贯彻到起草全过程，对于起草过程中的存疑事项、棘手问题要及时进行协调、研究处理，确保方向正确、质量可控。

## 2. 选择什么样的人担任统稿者

调研报告的统稿者是一个复合型人才角色，一般应由能力素养较为全面的人来担当。总的来看，在遴选统稿者时，应注重考察如下方面的能力素养。

（1）要有很强的统筹能力。统稿者应当善于统观全域、着眼全局，站得高、看得远，能站在本单位、本系统、本行业甚至更广阔、更有高度的视角看问题、想事情、提建议。具体到某一篇调研报告的统稿工作中，就是要能从整体出发，检验每个部分所处的地位、所起的作用，相互间是否有逻辑联系，每部分所占的篇幅与其在全局中的地位和作用是否相称，每一部分是否都为全局所需要，所提对策建议是否具有普遍指导意义，结论和观点是否站得住脚。经过这样的周全考虑和综合分析，统稿者才能统出有质量、有指导意义、有实用价值的调研报告。

（2）要具备一定的专业知识。调查研究的对象大多是某一行业、某一领域的情况或问题，因此调研报告自然离不开对该行业、该领域专业问题的研究与探讨，统稿者若没有一定的相关从业背景和专业知识储备，是难以驾驭统稿工作的。倘若连调研报告涉及的内容都读不懂、看不明白，就没办法判别起草者所提交文稿的质量高下，更难以提出专业的、有见地的修改意见。

（3）要有高度的责任心。统稿者要树立强烈的事业心和责任心，本着对调研报告负责、对领导负责、对组织负责、对党的事业负责的态度，充分调动起草者的主观能动性，认真谨慎地对待调研报告的"枝枝叶叶"，大到谋篇布局、观点提炼、数据引用，小到语言推敲、标点符号运用等，都不能出差错，确保经得起各方的检验。

（4）要具备较强的时间管理能力。统稿工作通常需要在较短的时间内完成，因此，统稿者需要合理安排时间，科学分配精力，确保能够按计划进度完成。统稿者要充分体现自己的主导意识和工作方法，善于引导起草者深化思想认识、强化时间观念、优化修改协同，共同提高调研报告的总体质效。要制订统稿计划，尽量在相对连续、完整的时间段内完成整篇调研报告的统稿工作，以利于思路的连贯和统稿的质效。

（5）要有创新意识。统稿者要解放思想、积极创新，善于跳出初稿起草者固有的思路框框，打破思维局限，善于从不同起草者的思路交融中找到新灵感，从调研报告文本结构、观点提炼、内容表达方式等方面，大胆提出一些丰富、深化的意见。善于开展头脑风暴，不断聚集思想火花，从而把调研报告的主题表达得更准确、更深刻。

### （二）统稿的一般流程

#### 1. 汇总初稿

统稿者根据撰写任务分工情况，逐一收集汇总起草组成员分头负责撰写的调研报告各部分内容，并按照既定结构对全稿进行首次整合，实现报告初稿由分到总、由零散无序到逻辑连贯，构建起调研报告的雏形。

#### 2. 检查要素

统稿者对照调研报告提纲，检查初稿"部品构件"的完整性、齐备性，看标题、导语、正文、落款、附录等格式要素是否应有尽有，特别是正文部分是否遵循提纲拟定的结构层次来起草，有哪些出入和变化，如有结构上的调整，是否作了标注或说明。

#### 3. 审读内容

统稿者通读全稿，从内容逻辑的严密性、论点论据的支撑性、行文风格的一致性、体例格式的规范性、篇幅体量的相当性等方面进行全面审读、宏观把控和总体权衡，梳理存在的问题和不足。本阶段审稿的重点是：站在应有高度和角度，从总体上对观点、结构、事例进行推敲、理顺，一是顺大小标题，看是否内涵交叉、互相"打架"；二是顺结构层次，看是否属种合理、符合逻辑；三是顺事例分配，看是否轻重得当、各得其所。

### 4. 初步处理

统稿者就调研报告初稿与提纲出现差异的情况，与起草人员进行沟通，对需要增删修改的地方在文稿中直接修订或做出标注，指明存疑点、修改建议及深层次考量。

### 5. 研提意见

统稿者将审读各部分内容过程中发现的问题和不足进行分类整理，提出修改优化总体建议，包括通用建议和个别建议，供领导审定。若时间、人力条件允许，还可组织"打个样儿"，选取起草质量较高、基本符合规范要求的部分稿件作为样章、样节，按照成稿要求修改完善，供下一步全面修改参考。

## 二、调研报告统稿"统"什么

统稿时，统稿者不仅要花时间通读起草人员分工协作完成的全部文稿，更要在内容和形式、宏观和微观方面把好关，妥善处理发现的各种问题。在统稿阶段，统稿者主要是从相对宏观的角度进行把控优化，考虑调研报告的全局性问题，着眼点主要是文稿的体例、内容、主线、风格，统观初稿与提纲的差异、材料与观点的契合度、内容与形式的统一性，重点考察有无政治性问题、逻辑性错误，检查内容结构是否合理、主旨主线是否清晰、必备要素是否齐全、详略安排是否得当。下面分别从内容和形式两个维度介绍具体要"统"的方面。

## （一）统全稿内容

### 1. 从政治水准高度统稿

看政治水准，注意发现和纠正在政治方面可能出现的问题。在政治方面是否有方向偏差、表述不当，应作为统稿重点。统稿者要善于从政治上看问题、统报告，用马克思主义基本原理、党的基本路线和方针政策及上级的有关规定，衡量所调研的情况、经验和问题。例如，看调研报告在重要表述、重要提法上有没有与党中央对标对表，有没有与党的现行路线、方针、政策精神相违背，有没有不符合国家法律法规，在立场、观点和方法上是否失之偏颇，在宣传口径上有没有与上级要求不一致，是否敏锐地抓住了本地区党委和政府工作的着力点和关注点，涉及的敏感问题描述是否真实、合理，存在争议的问题描述是否客观、公正等。由于这些问题事关重大，统稿者必须站在讲政治的高度，认真对待、严格把关，站在上面向下看方向对不对，站在外面向里看经验新不新，力避政治上不合格、导向上出偏差。例如，在调研基层单位对"过紧日子"政策的理解问题上，有的把"过紧日子"理解为"过穷日子"，不想办法解决基层"喝水难""洗澡难"等问题；有的则按照"过紧日子"的精神，经费不足不向国家伸手，自己想办法解决问题；有的抓基层注重"送水"，有的抓基层注重"打井"。对这些，用上级的精神衡量，就知道哪些是对的、哪些是错的。

### 2. 从纲目设计角度统稿

看纲目设计，注意发现和纠正大小标题之间可能存在的逻辑问题。

统稿者检查调研报告初稿的实际框架与原先确定的提纲之间有哪些调整变化，评估纲目调整的必要性和可行性，观照正文每个部分的大小标题与调研报告主标题之间是否具有紧密的逻辑联系，各层级标题之间是否相互协调支撑，下一级标题是否都为上一级标题服务，并最终共同为主题主旨出彩服务，对那些互不协调、逻辑不清的问题进行处理，使之领属适当、标准一致。

### 3．从内容编排角度统稿

看内容编排，注意发现和纠正可能存在的重大遗漏、低级错误或明显缺憾。调研报告内容涉及面广，加之起草人员按照分工独立撰写相关部分，缺乏相互沟通，有的内容是由复制粘贴堆砌而成的，或者直接从被调研单位提供的年度总结、领导讲话等材料中提取、组合的，缺乏关联性，勾稽关系不够紧密，内容上难免出现遗漏、交叉、重复、归类不当的现象。对此，统稿者要从实际出发，区分不同情况，实事求是、合情合理地加以处理。统稿时要注意多花些心思重点检查和观照如下方面。

（1）观照各部分内容是否紧扣主题，对那些游离于主题之外的内容进行处理。

（2）观照各部分内容之间的相互联系，看衔接是否顺畅、相互支撑配合，处理好起承转合各环节的问题，使之前后照应、无缝对接，形成有机整体，防止松散脱节，对颠倒重复、混乱无序的问题进行处理。

（3）观照各部分内容是否主次分明、详略得当，防止繁简不一、参差不齐，对重点不突出、谋篇布局不合理的问题进行调整。

（4）观照权威表述、专业术语、关键数据的运用是否通篇保持一致且是最新的，专有名词全称和规范化简称是否前后颠倒或随意使用，数据统计时点有无前后不一的情形，防止由于口径不同而导致错误的结论或产生理解偏差。

### 4. 从信息含量角度统稿

看信息含量，注意发现和纠正内容空泛、语言空洞、信息失真的问题，确保符合调研报告文体特征。调研报告是信息的载体，信息含量越高，其价值越大。统稿者在统稿时，要注意核查调研报告中披露信息的真实性、表述形式的得体性，确保文稿中提到的事实和数据准确无误、引用来源可靠、出处权威。就拿表述得体的问题来说，有些语言用在工作总结报告、领导讲话中无可厚非，但用在调研报告中也许就不合适了。例如，有的调研报告介绍经验做法，习惯性地冠以一连串的介词短语："以××××为指导，以××××为中心，以××××为动力，以××××为抓手，以××××为重点，大力加强××××建设，振奋精神，开拓进取，团结拼搏，扎实工作。"又如，有的调研报告介绍完有关举措后，又展开阐发一段议论："通过这些活动，既获得了信息、联系了客户、引进了资金，也宣传了我国改革开放以来所取得的成绩和国家的产业政策，宣传了××的市场及资源优势，提高了××的国际知名度。"这类表述，一无新意，二无实质性内容，出现在调研报告中只会使其变得冗长拖沓，信息含量降低，价值也大打折扣。再如，有的调研报告存在大量"力争""确保""取得优异成效""取得显著成效"等空话，"大概""似乎""最近"等含糊不清的表意，以及浮夸的、含糊的、感情色彩强的语言。一谈到取得的成就，就喜欢用"国内首创""达到国际先进水平"；写成果评价时，不用事实和数据说话，而是用"获得好评""社会反映强烈""深受群众好评"等定性表述。因此，统稿者在统稿时应删除这些大话、套话，将条目中的水分挤干，把过多过长的议论裁汰。此外，有的调研报告中存在大量细节性、技术性问题表述，此类表述适合作为技术性问题探讨或学术专题报告，而未必适合出现在调研报告中，这样会给阅读的领导或非专业人员造成阅读障碍。针对这种情况，统稿者要先将技术性问题吃透，进行消化、转换，然后用简单易懂的语言表述出来。

### （二）统全稿形式

#### 1. 从篇幅大小角度统稿

看篇幅大小，注意发现和纠正着墨不均的问题。统稿者对调研报告正文各部分内容体量安排应恰到好处，典型案例、代表人物、先进经验或问题教训的选取应通盘考虑，上哪个地区、选哪些单位也要反复斟酌，既突出重点，也适当平衡，不要"厚此薄彼""顾此失彼"。这主要是体现调研面的广泛性、兼顾单位之间的权衡，避免同类或同一单位在一篇调研报告中所用笔墨过于集中、所占篇幅差别过大。例如，针对某个系统干部作风问题的调研，在描述问题现状时，不宜只聚焦某一个或几个单位；又如，介绍某个领域、某个行业的先进的经验做法，在正文不同部分选用素材时，不宜前后都选用同一地区、同一单位的；再如，就某次事故调查提出解决办法或处理意见时，不宜有的一句话带过，有的则大段展开甚至细分多个层次阐述；等等，这些都是需要统稿者在统稿过程中关注和处理的问题。

#### 2. 从结构层次角度统稿

看结构层次，注意发现和纠正框架形式不统一、不规范的问题。这是指统稿者检查调研报告结构是否完整、逻辑是否清晰、段落划分是否合理、上下文过渡是否流畅，有无正文层次序数混乱、层次设置太多、从头到尾不分层次、大段内容"一逗到底"等影响阅读、理解的情形，是否缺少必要的连接和解释。例如，在结构层次序数的使用问题上，有的部分按"一、（一）、1"标注，有的部分按"一、1、（1）"标注，有的部分直接用"一是、二是、三是"的表述形式来区分层次，同一篇调研报告中出现多种层次标注方式，显然是不规范的。

### 3. 从文体语言角度统稿

看文体语言，注意发现和纠正不符合调研报告体例要求、风格不协调、不匹配的问题。调研报告既不同于新闻报道，也有别于文学作品，其文体和语言均有自己的特点。其写作特征是平铺直叙、逻辑清晰、要素规范，语言风格是朴实简练、干净利落、平实明了，忌用夸饰溢美之词。由于调研资料由众多单位的众多作者收集整理，初稿起草人员能力水平高低不一，统稿者统稿时看到的文稿往往在行文风格、语言使用和锤炼上有差异，因此，统稿者在统稿过程中要尽力消除这方面存在的问题，使文体特征、语言表达方式符合调研报告的基本要求，防止给人以杂乱、堆砌、拼凑之感，确保通篇首尾一贯、浑然一体。

### 4. 从格式排版角度统稿

看格式排版，注意发现和纠正图文表编排设计不规范的问题。格式版式问题在调研报告统稿阶段予以规范，有利于减少后续修改、校核工作量。这方面问题主要包括大小标题独立成段与否，每个段落是否首行缩进二字，行间距、字间距、字体字号设置是否一致等。文内有图片、表格等元素时，看图表编排格式是否设计规范、整齐划一，图文位置是否准确匹配、方便阅读。

## 三、调研报告统稿怎么"统"

从调研报告成文过程来看，虽然各部分的写作是按提纲进行的，但有的是由一人执笔在不同时间段陆续写出的，可能会出现前后不一、时紧时松等现象；有的是几人共同参与、分工协作，各写一块，然后合并而成的，可能会出现风格不一、互不协调等现象。这就需要统稿者发挥"定盘星"作用，着眼全稿、观照全稿，收拢、捋顺、捏紧，将这些差异在统稿过程中解决，使调研报告各方面保持统一，为下一步修改完善夯实基础、消除障碍。具体应当如何"统"呢？

（一）总体"照镜"法

统稿者可以将汇总的调研报告初稿通读 1～2 遍，做到心中有数，并基于全局的视角进行把脉，通过对初稿总体内容的掌握、各部分内容质量的初步评估，与预期目标这面"镜子"进行观照，提出需要增补、删减、调整、更新、统一的相对宏观的修改意见，反馈给各部分起草人员作为参考，达到"以正衣冠"的目的。对统稿难度大、修改内容多的调研报告，后续根据首轮修改情况可再进行二次统稿。这种方法适用于较为大型的调研报告或初稿质量不太高的情况。

（二）全面"梳头"法

对于特别重要的调研报告文稿，统稿者可以专门集中几天时间，从头到尾，如同梳头一样一遍一遍地进行梳理，从标题、帽段，到结构、层次，到观点、措施建议，再到引用的素材、事例、数据等，按照由粗到细的原则进行统稿。如有充足的时间，还可逐段逐句地做仔细检查，前后照应，精心打磨，把所有环节都梳通、理顺。如果有哪一段不顺或"头发"打结，或者需要找什么资料，统稿者可以当即提出让相关起草人员重新修改或者寻找资料，一直到理顺为止。

（三）集体"会诊"法

对于调研报告初稿各部分风格差异较大、内容之间存在矛盾、需要当面研讨的情况，由一人统稿不仅耗时费力，还不一定效果好。此时可以采取由统稿者主持，相关领导和起草人员集体"会诊"的办法，一部分一部分地讨论，逐段进行推敲，耐心听取大家的意见和建议，能够采纳的尽量采纳，能够兼顾的尽量兼顾，实在不能采纳的做好解释、沟通，这有利于各部分的起草者更好地从整体上把握调研报告的质量标准和修改要求，了解各部分的内在联系，从而集中时间、集中精力，提高统稿的效率。

统稿工作是调研报告写作承上启下的关键环节。好的统稿者不能盛气凌人，更不能只说不做，而应与起草人员打成一片、融为一体。起草人员和统稿人员相互配合得好，能使撰稿和统稿相得益彰、双向奔赴、共同提高。统稿者在统稿过程中要始终注意引导、提示，不能放任自流。要尊重撰稿人员的意见和肯定他们所付出的辛勤劳动。从事调研报告起草工作的同志大多具有良好的学识和才能，也有一定的工作经验，他们在撰稿过程中对文字的驾驭、工作的归纳、领导意图的领悟不乏真知灼见，有的还具有较强的独立思考能力和科学鉴别力。统稿者应充分发扬民主精神，虚心以待，尊重他们对一些问题的看法和意见，认真加以吸收、利用。对起草基础较好的部分，对工作态度认真负责的撰稿人员，要充分给予肯定，让他们有成就感，同时，也应实事求是地指出不足，及时提出修改要求，使他们能够善始善终地完成撰稿任务。

# 第六章
# 修改打磨阶段

调研报告是领导决策的重要依据，是服务机关运转的重要文稿。只有经过反复推敲和修改，确保格式规范、逻辑清晰、措辞妥当、语言表达符合上级政策的要求，才能有效地维护调研文稿的权威性和严肃性，真正使其发挥应有的作用。

文章不厌百回改，反复推敲佳句来。一篇好的调研报告，必然是在不断修改、不断否定、不断完善中逐步成型的。作为调研报告完工前的最后一步，修改打磨的重要性不言而喻。这个阶段主要是对文章的主题、材料、结构、语言文字和标点符号等进行检查，做出必要的增、删、调、改，以"众里寻他千百度"的毅力和"衣带渐宽终不悔"的韧劲，进一步"磨观点""调结构""补事例""润语言"，通过反复提炼、加工、打磨，把调研报告锤炼得更成熟、实用。

## 一、调研报告修改的基本原则

"金越炼越纯，文越改越好。"调研报告起草完成后，总要进行细致修改。修改的过程实际上就是不断深化主题、优化结构、美化表达的过程。调研报告的修改要遵循以下原则。

（一）先大后小原则

凡事都有顺序。就调研报告修改来说，应遵循先整体后部分、先粗后细、先大后小的原则，从文稿的立意布局、结构段落、语句修辞一层一层往下审改。在实际改稿工作中，有的一上来就把精力放在琢磨细节上，盯着字、词看对仗，这是不可取的。初稿脱手后，不要急于上手改。如果一开始就陷于细枝末节的问题，就会干扰对整体的把握。倘若整个材料立意不够、基调不对、结构不妥、逻辑不通，字词用得再漂亮，也是徒有其表，有时可能适得其反，造成不必要的返工和重复劳动。特别是对那些需要动手术一样大修改的调研报告，更要注意先从大处着眼，综观整体，审视全稿，把准调研报告的大方向，开出诊断书，做出如何修改的决定，形成有针对性的修改思路和计划。

（二）内容为王原则

调研报告作为应用文体，"有货""实用"是关键。修改调研报告时，相关人员要坚持内容大于形式，先研究事、把事说明白，再捣鼓词、把词写完美，毕竟形式是为内容服务的，没有内容作支撑，再美的表达也没有存在的必要。一方面，内容要准确。对运用到调研报告中的素材、事例、数据，相关人员在改稿过程中都应认真复核，确保来源可靠、事实确凿、表述准确。对于文中的地名、人名、职务、时间、计量单位等，要特别注意并逐一核实，对于有疑问之处要通过多方查询求证予以确认。另一方面，内容要原创。要确保调研报告内容没有抄袭他人成果、没有涉及版权纠纷的情形。对于引用他人的内容，特别是从网络上引用的资料要进行仔细查考，避免跌入失实的泥坑，确保引用的来源准确、权威，并按规范要求标注引文来源。

## （三）层次清晰原则

调研报告往往结构庞大、篇幅较长，其逻辑性、层次感就显得尤为重要。有的调研报告初看杂乱无章、不成体统，可是经过修改，加了几个小标题后，可能层次就清晰多了。在改稿过程中，能提炼观点的尽量提炼观点，一个部分分几个段落，一个段落分几个层次，每个部分、每个段落、每层意思都尽量提炼一个观点性的小标题或领起句，避免出现一大段话里面既没有小标题又无层次序数的情况。此外，也要发挥好标点符号在区分文稿层次中的作用，规范应用好句号、分号，同时谨防滥用逗号，特别是"一逗到底"的情况。这样层次分明、逻辑清晰，也有利于阅读和理解。

## （四）追求新意原则

调研报告的价值大小在很大程度上取决于有没有新意。反映的情况、总结的经验、提出的意见和建议不新，就没有多大的感召力和使用价值。一份有新意的调研报告，总能让人从中了解新情况，解决新问题，总结新经验，探索新规律。相关人员在修改过程中要注意在"新"字上下功夫，对选用材料陈旧的要除旧布新，对提炼观点过时的要破旧立新，对提出对策老套的要推陈出新，对表述语言无新意的要吐故纳新，使人看了能耳目一新、受到启迪。例如，同样是介绍抓党建的经验，用紧跟时代潮流的词，还是用老旧陈化的词，传导的理念就完全不一样，给人的感觉肯定截然不同，要与时俱进，不能仍停留在原来的层面。

## （五）语言生动原则

调研素材采自基层，调研报告自然要"接地气""冒热气"，用生动、形象的语言把有价值的信息传递出来。调研报告文字不能过于华美绚丽，也不能过于平淡无奇，更不能官话、套话连篇，而要结合调研主题、突出地方特色，多使用基层群众话语，做到既准确、鲜明，有一定的理论高度和深度，又生动朴实、深入浅出，让人看得懂、愿意看、看了有收获。

（六）能短不长原则

调研报告要大力弘扬"短实新"文风。调研报告比一般的文章要长，这是由其"发现问题—分析问题—解决问题"的结构较为系统庞大的文体特征决定的，但是不能因此而容忍报告文字的拖沓冗长，把本来可以用一句话说清的事，啰里啰唆写上一大堆文字。调研报告的字数一般应控制在5000～8000字比较合适。在修改过程中，相关人员一定要坚持原则，在精简篇幅、凝练语言上下功夫，长话短说，对能够三言两语说清楚的事绝不拖泥带水，能够用短小篇幅阐明的道理绝不绕弯子。

## 二、调研报告"怎么改"

修改调研报告文稿的方式是很多的，没有一套现成的人人适用、固定不变的模式，但是从修改文稿的主体方面来划分，一般有以下三种方法。

（一）自行修改法

自行修改法就是一篇调研报告文稿写完后，根据写作宗旨、写作要求等，自己对文稿的结构、内容、文字等不准确、欠妥帖的地方做改进和纠正。清代文学家唐彪在《读书作文谱》中写到："文章草创已定，便从头至尾一一检点。"这"一一检点"，就是反复修改的意思。鲁迅先生在讨论怎样写文章的一封信里也说过："我的文章写完后至少看两遍，竭力将可有可无的字、句、段删去，毫不可惜。"

自己修改文稿，从时间范畴来说，一般有两种情形：一是边写边修改或写完即修改。一般针对调研任务比较紧急、有具体时限要求的情况。这类调研报告工期较紧，时效性强，不容时间拖得很长，必须写完后立即修改，时间越快效果就会越好。二是写完之后，不马上修改，而是先放一段时间，冷却一下再处理。主要针对没有什么明确的时限要求，何时成稿都无关紧要的情况。这类调研报告，一般写好后可以暂时搁置一旁，过些时日再拿出来审查和修改补充。因为刚写好的时候，起草者由于思维惯性，可能一时转不过弯，难以发现存在的缺点和问题，晾到一边冷却、沉淀一段时间，原来写作的构思情形在记忆里逐渐冲淡，而且可能又想起新的问题，这时再回过头来看稿件，就比较容易发现问题了，也易于在重新修改时产生更多的新思路、新观点、新方法。如此经过长时间的酝酿、斟酌，修改起来会更加得心应手，调研报告文稿的思路、内容、观点会日臻成熟可靠，文稿的质量也会更高。无论是写完即改，还是稍后再改，都需要调研报告起草者自己切实地下精雕细琢之功，这是保证文稿质量的最直接、最重要的基础环节，任何敷衍、马虎的态度都是要不得的。

（二）他人修改法

以前有句话叫"当局者迷，旁观者清"，这句话用在调研报告修改上同样恰当。起草者对自己写的稿子受思维局限，可能一时看不出来问题，这时候可以请他人帮助审看，因为不同的人有不同的思维方式，换一种角度说不定就能看出一些行文方面的纰漏。交叉修改稿子、相互提出意见，对提高调研报告质效多有助益。

　　具体而言，就是一篇调研报告写完后，请他人对自己所写文稿或相关部分的立场、结构、内容、文字等不合适、不准确、不到位的地方进行纠正把关。"他人"的范围如何圈定？一般来说，可以从以下几个群体来把握。

### 1. 起草组成员

多人分头起草的调研报告，可以采取交叉修改的方式，将自己负责起草的部分交由起草组内其他成员提出意见或修改完善。这样可以突破个人在思路、视野、见识等方面的局限性，同时也能更好地发挥起草团队作用，从不同角度弥补内容和观点的不足。

### 2. 领导者

按照有关领导的意图草拟的调研报告，应当请有关领导同志进行修改。有些调研报告虽然不是根据有关领导同志授意写的，但文稿涉及的内容与其分管的工作有关，这类文稿在征得有关领导同志同意之后，也可以请其帮助修改。

### 3. 专家学者

有些理论性、政策性较强的文稿，除了请有关领导和负责同志帮助修改外，还可以请自己认为理论水平较高、写作能力较强，对文稿中所涉及的问题有一定权威见解的专家学者帮助修改。例如，拟在报刊上公开发表的调研报告，或在调研成果发布会、交流会等重要场合进行披露发布的调研报告等，一般来说，文中的一些新提法、新观点，具有一定的理论性和政策性，就很有必要请相关的专业人士帮助修改把关。

### 4. 基层群众

有些调研报告的内容是采自农村、工厂等基层的，文中的某些观点、表述带有地方特色，如乡风民俗、村规民约、方言俚语、人物事迹、历史典故等，这样的内容应当经调研对象核实确认。有的调研访谈可能因语言不通、记录不全、个别口误等导致所获取的信息准确率受影响，对这类素材，相关人员应当做好沟通复核，在征得当事人同意后才能使用。

### （三）集体讨论修改法

集体讨论修改法就是召集参与调研的人员以及熟悉调研对象有关情况的人员，通过集体讨论，对调研报告进行全面诊断。它可以对有关文稿的结构、内容等做彻底、重大的修改，可以对个别文字、部分内容做必要的调整、增补和删减，也可以议定原则性的修改意见，再指定专人进行修改。这种方法一般适用于起草重要选题的调研报告，特别是要作为涉及全局性的政策调整决策参考或提请重要会议审议、发布的调研报告等。这类调研报告大多主题重大、内容重要，涉及面也广，而且政策性、理论性都比较强，成果运用之后政治影响和社会影响都比较大。所以，其修改程序相对更为严格，往往在分头起草、自行修改后，要经由多轮集体讨论、集中推稿、修改定稿，再报主管部门或主管领导审定。集体讨论修改文稿，可以集思广益，充分发挥调研团队的集体智慧和力量，能够尽可能地避免个人偏见和认知误区，有利于最大限度地提高调研报告考虑问题的周全性、严谨性。

以上三种修改调研报告的方法，是相互联系、相辅相成的。自行修改法是文稿修改打磨的基本方法，一般的调研报告，都应当首先由起草者修改一遍或多遍，认真把好第一关，不能完全依赖他人修改。他人修改法是自行修改法的延续和补充。经过他人从第三者角度的加工润色，调研报告的质量或将大幅提高。集体讨论修改法是在个人草拟、个人修改、他人修改的基础上产生的，所以在很多情况下，个人修改法、他人修改法、集体讨论修改法这三种方法往往是紧密相联的，可以酌情综合运用。在具体的修改过程中，究竟采用哪种方法好，这要依据实际调研报告的具体内容、难度系数、重要程度等多重因素综合考虑而定。

## 三、调研报告"改哪些"

调研报告起草好后，要认真进行修改加工。包括从报告的主题、材料、结构、语言文字和标点符号等方面着手进行全面细致检查，加以增、删、改、调。在完成这些工作之后，才能定稿并向上报送或发表。这里主要从观点打磨、结构优化、材料斟酌、表达优化等方面进行介绍。

### （一）观点打磨

思想观点是调研报告的灵魂，观点站不住脚，整个调研报告就失去了意义。初稿写成之后，起草者对调研报告所表明的观点要反复推敲，检验是否符合党的路线方针政策、是否符合实际情况、是否全面准确、是否前后矛盾等。观点打磨的过程就是观点与素材融为一体后新的升华，确保观点在内涵、外延、评价、色彩、文字等方面都精准定位。内涵过大则改小，内涵过小则加大；外延过宽则改窄，外延过窄则加宽；评价过高则改低，评价过低则加高；色彩过"浓"则改

"淡"，色彩过"淡"则加"浓"；文字过"呆"则改"活"，文字过"华"则变"实"。

观点打磨体现到成果呈现上，就是锤炼承载调研报告主论点、分论点的大小标题。例如，下面这则关于某国企基层年轻干部队伍现状的调研报告，起初的一、二级标题是这样拟制的。

一、工作现状

（一）年轻干部选育机制方面

（二）年轻干部队伍储备方面

（三）年轻干部培养锻炼方面

（四）年轻干部选拔方式方面

二、存在问题

（一）培养措施还不够全面

（二）提升"出口"还不够畅通

（三）规矩意识还不够强烈

三、对策及建议

（一）拓宽路径选好人

（二）搭建平台育好人

（三）筑牢堤坝管好人

（四）打通通道用好人

从内容的逻辑性、条理性来看，上述提纲中"工作现状"部分存在观点概括比较笼统的问题，仅以"××方面"的偷懒式表述，对情况描述不够具体，且第（一）点、第（四）点存在相互包含关系；"存在问题"部分和"对策及建议"部分没有形成很好的对应关系，且逻辑不够清晰，小标题的锤炼也欠火候，语言在形象性、生动性方面还有一定的提升空间。

经过打磨锤炼后修改为：

一、基层年轻干部队伍建设工作现状

（一）年轻干部选育链条机制相对完善

（二）年轻干部队伍储备不断壮大

（三）年轻干部培养锻炼得到实际提高

（四）年轻干部严管厚爱氛围日趋浓厚

二、基层年轻干部队伍建设存在问题

（一）选聘方式还不够科学

（二）培养措施还不够全面

（三）规矩意识还不够强烈

（四）提升"出口"还不够畅通

三、基层年轻干部队伍发展对策及建议

（一）拓宽"主渠道"，选靠得住的人

（二）修好"蓄水池"，育有潜力的人

（三）筑牢"高压线"，管有干劲的人

（四）打通"快车道"，用有担当的人

（二）结构优化

调研报告的结构是部分与部分之间、部分与整体之间的内在联系和外部形式的统一。结构骨架搭得好，整篇调研报告的"血肉"就有支撑，结构骨架没搭好，"血肉"就会散开，文章的主题也就模糊了。这方面常见的问题如下。

### 1. 结构"肿"的问题

有的调研报告宜聚焦某个点、某一方面特色写专题经验，非要面面俱到、长篇大论；宜找小角度、小切口，非要划出大角度、大口子；宜写成短文，非要写成长文，使调研报告结构臃肿、篇幅冗长，看不出重点和特色。对此，在起草和修改过程中，要善于量体裁衣，不贪大求全。宁愿将能写成全面经验的，缩写成专题经验；能写成大角度的改写成小角度，也不应反过来将局部的经验写成全面的经验，小经验写成大经验，给人以臃肿、浮夸的感觉。

### 2. 结构"乱"的问题

有的调研报告在撰写过程中，偏离原有提纲，按照个人思路自由发挥，导致结构层次之间"我中有你、你中有我"的问题。例如，有的观点上"串腿打架"，外延有交叉；有的层次内容上"串腿打架"，不同的地方讲类似的内容；有的使用事例"串腿打架"，出现"一女嫁二夫"的现象。对此，在起草和修改过程中，要多与提纲进行对照，避免出现大的偏差；如果过程中确需调整提纲，也要就提纲修改的考虑和思路先行沟通，厘清思路、达成共识后再推进具体撰写工作，避免走弯路。同时，要养成规范的表述习惯，注意段落的完整性和单一性，将一种意思在一个段落里集中讲完，不要在这里说一段、在那里插几句，把一种完整的意思说得七零八落。

### 3. 结构老化的问题

有的调研报告一搭架构往往就是"基本情况—存在问题—解决对

策"，一分层次就是"一是……二是……三是……"，没有新面孔、新样式。对此，在起草和修改过程中，要认真钻研有关的模式结构知识，丰富经验材料的表达和结构形式，让调研报告从结构上展现新意，实现结构与内容相互支撑、相得益彰。

### （三）材料斟酌

#### 1. 材料与观点不一致

这是常见多发的问题。主要表现：一是内涵上不一致，如观点是"对基层党建工作指导不力"，里面写的是党员干部队伍年轻、业务素质不高；二是时间上不一致，如讲主题教育整改效果明显，举的例子却是开展主题教育之前的；三是因果关系不一致，如讲安全生产工作抓得紧，支撑素材却不全是安全方面的工作成果；四是叙述角度不一致，如这一处是党委角度，另一处是部门角度。对此，在起草和修改过程中，要正确掌握观点与材料的内在联系，严格做到观点与材料的统一。

#### 2. 材料太"碎"

主要表现：大同小异、性质类似的事例举得过多。有的调研报告起草者面对大量的可用材料，觉得丢了可惜，结果在文稿中堆砌了大量相似的事例，显得冗长，缺乏典型性。对此，在起草和修改过程中，要正确取舍素材，善于用面上的量化数字和概括性叙述。一般情况下，对一个观点，加有关的面上情况，举 1 ～ 2 个例子就足以说明经验、反映问题了。

#### 3. 材料残缺或冗余

主要表现：有的材料明显有缺失和漏项，不能很好地说明调研发现的问题、支撑调研报告提出的观点；有的材料不做细致研判，一股脑儿地都放入调研报告；有的材料与调研主题关联度不高，显得格格不入。对此，在起草和修改过程中，要认真检查，看还有哪些内容漏写了，特别是一些能够说明问题的、典型的、生动的事例，不可丢弃；看有哪方面内容还不够丰富，有针对性地进行增补；看哪些内容是累赘、富余的，对于可有可无的内容统统删掉，与主题无关的要毫不犹豫地"断舍离"。

（四）表达优化

语言运用是调研成果的直观体现。一篇好的调研报告，要力求语言表达准确、生动、务实、顺畅。这也是调研报告修改中应重点关注的方面。

**1. 语言绝对、缺分寸**

有的调研报告在评价调研对象现状时，讲好不留余地，如"非常好""特别好"；讲差过于绝对，如"一团糟""一片黑"；讲"果"说得太满，如"都是""全部""所有"。这些都需要引起特别注意，毕竟调研的对象是个别而非所有、所掌握的信息是部分而非全部，在阐述调研成果时也不宜绝对化。对此，在起草和修改过程中，要切实掌握语言表达的度，做到讲好不说"满"、讲差不说"绝"、讲美不说"过"、讲果不说"溢"。描述成绩、指出问题，表扬先进、批评错误，遣词造句要客观中肯、恰如其分，既不能言过其实、夸夸其谈，也不能词不达意、令人误解，一定要有分寸感、拿捏好"度"。是"很好"还是"较好"，是"应当"还是"可以"，是"有的"还是"个别"，甚至是"自觉"还是"积极"或者"主动"，都是有区别、有讲究的，必须准确适用。

### 2. 语言呆板

有的调研报告写某个单位状况，像写鉴定材料一样；写某方面思想认识，往往是一些冠冕堂皇的政治术语，缺乏生动、贴切、鲜活的群众语言。有的"新瓶装旧酒"，用过时的语言承载现在的思想，把三五年前甚至十年前的话不假思索地照搬过来。对此，在起草和修改过程中，要注意使用符合当下要求、时代特征的话语体系，对于呆板陈旧的语言语素要做好"更新迭代"工作，从调研素材中重新遴选来自基层的生动、活泼、形象的群众语言。要与时俱进、有时代感，善于说新话、用新词，要有新的视野、新的角度、新的表达，体现个性、贴近生活，让人耳目一新、眼前一亮，尤其是要善于把文件语言和学术概念转换成易读易懂的调研报告语言。要适当运用名言、反问、对话、典故、诗词等，使文章富有起伏和色彩。可以选择一些生动而又有说服力的民间俗语、典型事例，也可以适当运用信息含量较丰富的图表，让受众看得懂、记得住，看了后能留下深刻印象。

### 3. 套话连篇

有的调研报告一开头就绕山绕水，大段"在×××指引下，在×××正确领导下，在×××亲切关怀下……"有的在正文中夹杂着一段段大话、空话、老话，如层出不穷的"结合"，没完没了的"依据"，言过其实的"亲自"，屡见不鲜的"大力""狠抓""认真"等。还有的植入又长又空的议论，堆砌很多华丽的词藻，将空头议论当作说理，事例不够议论凑，"大家说""深深感觉到"等语言充斥字里行间。对此，在起草和修改过程中，要讲究开门见山、直奔主题、精练明快。要有一说一，对多余的话、题外的话、夸张的话、不着边际的话，修改时要大刀阔斧地删、干脆利落地减。不要追求辞藻华丽、对仗工整，玩"文字游戏"、卖弄文采，而是要用最朴实的语言、最简洁的表述，把道理讲透彻、把事情讲清楚，同时还要让受众愿意看、喜欢听、能理解、有收获。

### 4. 过渡不顺

有的调研报告部分与部分之间、段落与段落之间、层次与层次之间，缺少必要的起承转合，让人看起来觉得比较跳跃、生硬，衔接不自然。对此，在起草和修改过程中，要注意适当增加一些承上启下的过渡段、承启句，加强各内容单元之间的衔接，让全文首尾圆合，中心线索连贯，过渡照应清楚，做到既没有顾此失彼、残缺不全的情况，也消除缺头少尾、七零八落的弊端。例如，在本节结尾处为下一节开头提一句话，写这部分结尾时为下一部分的展开埋下一个伏笔，等等。

打造有深度、有新意、有价值的精品调研报告，必须有不厌其烦的好心态和精雕细琢的好作风。当然，一切修改都要服从于调研报告主题表达的需要，经过一番"精装修"，达到立意鲜明突出、观点准确无误、素材真实可靠、结构严谨周密、语言简洁朴实的总体效果。

## 四、征求调研相关方面意见

"一人智短，三人智长。"对于调研报告，尤其是那些涉及面广、政策性强、专业度高的调研报告，在初稿写就或修改完成、达到较为成熟水准后，调研组应进一步开展征求意见工作，这是决策民主化、科学化的需要，也是提升调研报告权威性和总体质量的需要。征求意见的范围主要包括调研对象、与之相关的业务部门、专家学者等。经过这一步，调研报告能更好地实现集思广益、"保值增值"。征求意见的方式一般有如下几种。

**（一）书面征求意见**

调研报告修改打磨完成后，调研组可形成征求意见稿，以书面形式随征求意见函一起，分送有关部门、专家学者广泛征求意见，请他们提出书面修改完善意见。也可在本单位内部设置征求意见箱或电子邮箱，在一定范围内征求干部群众的意见。

**（二）会议征求意见**

对于调研内容涉及面宽、专业性强、关联部门多的调研报告，一般宜采取会议征求意见的方式。调研组可安排相关人员提前梳理需要提请会议研讨、确认的问题，在会上组织开展针对性的碰撞交流，这样有利于多方充分发表意见、较快达成共识。对于规模较大、层次较高的调研报告，还可召集不同领域人员以座谈交流会的方式分别征求意见，让意见的征集既有专业度也有覆盖面，保证报告的质量和权威性。

**（三）访谈式征求意见**

针对比较成熟的调研报告，调研组如果对文稿总体有较大的把握，只有个别内容拿不准或有待商榷，可以采取登门走访、小范围座谈、电话沟通等方式，点对点找相关人员进行访谈交流，听取其对文稿的意见、建议。

# 第七章
# 校核成稿阶段

在调研报告成稿的过程中，校稿、核稿所发挥的校准、修订和完善作用不容小觑。出色的校稿、核稿工作，一定是调研报告中的锦上添花之笔。要做好校核工作，相关人员需要有充分的准备、充足的精力作保障，在相对集中的时间段内逐一完成逻辑和表达连贯性、事实和数据可靠性、语法和拼写准确性、格式和排版规范性等的核查、校对，以及最终稿件的整体检查等，提高调研报告的质量和可读性。

## 一、调研报告校核准备工作

校核工作作为调研报告定稿前的重要环节，对确保文稿质量、规范文稿管理起着至关重要的作用。校核人员应充分认识文稿校核工作的重要性，熟练掌握校核工作的主要步骤，明确校核工作的目标任务和标准，共同为优质调研报告的出炉保驾护航。校核人员以安排非调研报告主要执笔人员担任为宜。

### （一）素养准备

调研报告校核也是一项技术活，需要校核人员具备相当高的专业水准和综合素养。具体来说，校核人员不仅要熟悉本单位本行业的基本情况，了解调研活动的相关背景、调研报告的总体思路，还要拥有较高的政策理论水平、扎实的语言文字功底、专业的校对审核把关能力，尤其要具备高度的责任心和严谨细致、精益求精的工作作风，精通文稿校对规范和审核技巧，能保证以充沛的精力投入校核工作，做到"文经我手无差错，事交我办请放心"。业务精湛、能力过硬的校核人员，不仅可以通过校核工作提高调研报告成稿质量，还能有效节省领导审批的时间和精力。

（二）文稿准备

校核成稿阶段的一项重要任务是"校异同"，校核调研报告拟定稿与上一轮修改稿的差异，查看是否准确无误地改正到位了。对于经过多人多次反复修改的部分，校核人员还需要追溯前几轮的"花脸稿"，对修改痕迹逐一进行仔细校核和最后确认。因此，这就需要校核人员在校核前准备好调研报告的历轮修改稿，以及与调研报告内容相关的调研素材底稿、参考文献资料等，备在案头，以便随时调阅。

（三）工具准备

调研报告写作除了涉及对文字、词语、语法的准确表述，往往还涉及数字、标点符号、计量和单位等的规范运用。开始校核前，校核人员应备好相关的法规文件和工具书，掌握有关的应用标准。例如，《现代汉语词典》《出版物上数字用法》《标点符号用法》《有关量、单位和符号的一般原则》《校对符号及其用法》等。此外，要准备不同颜色的记号笔等文具用品，便于做好校改记录。

## 二、调研报告校核方法

从校核工作的角度看，要消除调研报告中的差错，校核人员除了具备认真负责的工作态度外，还要掌握一些基本的出错规律和辨识技巧。对于调研报告的校核工作，校核人员可以根据文稿重要程度、审稿程序、总体质量、篇幅大小、时间长短等因素，综合考虑采取适合的校核方法。

### （一）重点校核法

这种方法适用于调研报告内容已经反复修改、逐级审核把关、时限要求紧急的情形。若调研报告质量相对较高，则校核人员校核时可以将精力重点放在校对其大小标题、逻辑结构、重要表述、统计数据、引述资料等关键内容上，因为对这些方面，在起草和修改阶段投入的精力就很多，所以在校核阶段反而容易被忽视，往往成为"盲点"和可能的"硬伤"。而这些内容在文中所处的位置大多重要而明显，一旦出错，极易成为调研报告的"脸上伤疤"。毋庸置疑，在这个阶段，校核人员要着力排除标题中的错别字、序号错乱等低级错误，理顺上下文逻辑关系，对标党中央的最新提法校准文中的有关表述，再次查阅权威书籍复核重要引文和史料，查证每个数字、每段引文的出处及准确性，确保关键信息经得起检验和推敲。

### （二）诵读校核法

诵读校核法又称唱校法，即对形成的调研报告从头至尾读上一遍甚至几遍，边读边思考，边读边核改，在诵读中消除错误或不妥之处。这种方法的好处是：可以发掘通过默读浏览方式难以发现的一些错讹，包括但不限于错别字、语句不通顺、缺少句子成分、搭配不当、语意重复等情况，能有效避免校对不准、不细的问题。诵读校核法适用于篇幅较长、参与起草人员较多、基层素材选用较多的调研报告。在具体校核的过程中，校核人员可以第一遍略读，主要修改一些大的框架结构方面的问题；第二遍细读，逐段核改细节问题，力求全篇文气顺畅、富有美感。对重要、复杂的调研报告还可根据文稿总体质量情况适当增加校次。这方面的错情较多，下面略举几例。

### 1. 纠治错别字

使用计算机上的五笔或拼音输入法输录调研报告文字时，可能出现一些同音、形近等错别字词，比较常见的有"浓厚"与"深厚"、"总是"与"总量"、"形式"与"形势"、"年中"与"年终"、"铆足干劲"与"卯足干劲"、"截至"与"截止"等。这种同音字词和形近字词往往需要结合上下文语境去理解和判断对错，而通过诵读的方式就能比较自然地予以纠正。对此，校核人员要善用联想思维，读到一个字词就联想到它的形近字、音同字、近义字、反义字。例如，看到"人口"就要下意识地想到"入口"；看到"自己"就要联想到"自已"；当出现了"未、拔、干"等字时，就要警觉起来，联系前后文，确认一下是否为"末、拨、千"等的误用。

### 2. 纠治拗口句

调研报告的语言非常注重"接地气"，在表述方式上也习惯口语化，因而在将调研过程中接收到的口语应用于书面报告时，难免发生拗口的问题，需要进行适当处理。有些词语组合起来虽字面意思正确，读起来却显别扭。例如，"与其与去年全年主要经济指标比较，不如与去年同期比"，这里的连词"与其"和介词"与"连在一起，读起来比较拗口，可以改成"与其和"，后半句的"不如与"也可相应改为"不如和"。这些错误大多可以通过诵读来发现和消除。

### 3. 纠治长段落

有的调研报告层次不清晰，喜欢长篇大论还不划分段落，且长句居多，以致让人读起来"上气不接下气"，看起来也容易产生视觉疲劳。对于这种情况，校核人员可以在诵读过程中，通过理解语意、区分层次，将大段落拆分成小段落；通过增加标点符号，把长句变成短句，有效解决烦冗拖沓、句子过长等问题。

### （三）倒序校核法

倒序校核法即把调研报告各部分逐段落倒读，这样能有效避免阅读惯性，最大限度地减少"错误就在眼前却看不到"的问题。这种方法主要用于正常校对很难发现问题的文稿，或校核人员处于疲劳状态的情形。倒序校核法使用的频率虽然不高，但不失为一种有益补充，有利于校核人员高度集中注意力，校出文稿中的一些错误。

### （四）"生人"校核法

调研报告进入校核成稿阶段，往往已在起草组成员内部经过多轮审改，此时校核人员对文稿内容都很熟悉，而正是这种熟悉，更容易使校核人员在校核时对其中存在的问题"熟视无睹"。对于这种情形，则宜考虑另选校核人员，最好是之前没有接触过调研报告的人员或未参与调研活动的人员，通过"生人"视角、第三方立场来发掘文稿中存在的问题。

### （五）360度核实法

该方法主要针对调研报告中涉及的典故、史料、人物事迹、方言俗语等内容的校核。因各种原因，调研报告中的材料、论据不一定权威、准确、全面。即便相关人员在修改阶段做了核实，校核人员在定稿前也有必要复核一次。特别是对于一些涉及重大历史事件、重要人物、重点项目等的有关情况，要采取查询文献资料、360度听取群众意见等方式进行多方求证，查询核实，确保真实客观。

## 三、调研报告校核的重点内容

经过起草、统稿、修改等多个环节的把关，调研报告日臻完善成熟，但因前后流程较长、经手人员较多、把关重点不同，在行文规范、语言表达、逻辑层次、修改意见把握等方面难免存在瑕疵和纰漏。尤其是在时间紧、任务重的情况下完成的调研报告，更需要校核人员在校核成稿阶段多投入精力，下好"绣花"功夫。

（一）校核要素

经过前期起草和多轮修改后，调研报告从文面版式到正文内容已基本定型。校核人员可以根据格式规范和排版要求，逐项检查标题、正文、落款、附件等相关要素是否应有尽有，正文部分是否遵循"问题—原因—对策"的逻辑安排内容，每个要素的顺序、位置是否准确恰当，对照修改过程稿核查修改是否到位。少量的非原则性的错误可直接核改，如果问题很多或存疑，就要主动联系拟稿人予以及时确认。

（二）校核格式

校核人员要注意校核调研报告正文及附件内容的字体、字号、行间距、页边距、格式排版等方面有无问题，查看大标题与正文的字体字号是否符合要求、正文中一、二级标题的字体是否有区分；正文中如有多个层次序数，是否按照"一、（一）1.（1）"的顺序正确标注，序号是否有接续不上的问题，每个段落段首是否缩进；正文后如有附件，附件内容是否齐全、与正文标注的附件说明是否一一对应且前后一致；如有涉及引用的参考文献，文献资料的标注格式是否规范。

（三）校核内容

这是最考验校核人员细致程度、文字功底和业务水平的一步。校核人员要重点校核调研报告的具体表述，包括重要表述、最新提法是否精准，有无语法语病，有无错别字、漏字多字，有无数字、标点符号、引文、计量单位、日期错误，有无前后重复或矛盾错误，文中数据及数据间逻辑关系是否准确，人名、地名、单位名的全称及简称是否规范，专用名词是否前后统一，跨年度时文中日期年份标注是否正确等。要通过校核，确保这些关键细节的准确性和一致性，在表达简洁、语句通顺的基础上，保证文稿中的提法准确、数据准确、字词准确，全文无歧义。例如，"深刻领悟'两个确立'的决定性意义"等新提法，必须严格与党中央对标对表，不可随意搭配或增减内容。同时，还要仔细检查文稿中的论证逻辑是否清晰、段落之间的过渡是否流畅，以及句子之间的衔接是否自然等。如果发现问题，可以通过修改表达方式、调整段落顺序或添加过渡语来予以改善。

在完成逐段核对之后，校核人员还需要从头到尾进行一次整体的检查清理。这包括检查调研报告的整体结构是否完整无缺、大小标题是否凸显、段落是否紧密衔接、修改痕迹是否清除等，不放过任何一个段落、任何一个标题、任何一句、任何一词、任何一字乃至任何一个标点符号。

## 四、调研报告定稿与调研成果转化运用

经过漫长而细致的酝酿构思、提纲挈领、初稿草拟、统稿把关、修改润饰、全面校核等一系列流程，综合吸收各方面审、改、校的意见后，调研报告终于"杀青"定稿了。至此，成稿的调研报告即可以适当的形式呈报相关领导，或正式报送相关部门，或报请有关决策性会议研究审议，进入决策者视野和议事日程，最终完成调研成果转化、推动相关问题解决。至此，调研人员也算"功德圆满"。

一篇调研报告、一项调研成果来之不易，凝聚了众多智慧和汗水，用不好是一种浪费、一种损失。在调研报告成果运用上，相关人员不能报告提交或发表见刊就算完成任务，获了个批示、评了个奖就算工作成绩。写的报告自说自话、自唱自听，既不接地气，更没有底气，既没有多少实用价值，更没有多少可操作性，对决策有百害而无一利。这种"来去空空""竹篮打水一场空"的无效调研，既劳民伤财又败坏风气，更背离了党中央关于大兴调查研究的要求。其实，调研报告的出炉只是一个良好的开端，接下来调研组还要用多种方式宣介调研成果，做好调查研究的"后半篇文章"，确保调研工作从选题策划、收集情况、分析思考、提出建议，到成果转化实现"全链条"闭环。可以着重从以下几个方面推动成果转化应用。

（一）经领导批示，推动问题解决

大部分调研活动的实施和调研报告的撰写都是因问题而起，具有鲜明的问题导向。调研报告一经审阅批示，将转化成为解决问题、推动工作的重要手段，其首要功用莫过于作为领导决策参考的重要依据。从这个角度来说，调研组要切实发挥主观能动性，务求使调研成果尽

可能及时进入领导机关决策视野。千万不要将辛勤劳动搞出来的"作品"束之高阁，不要认为写好调研报告就完事大吉了，而应及时提交领导和有关部门，使更多的领导和部门了解调研成果，努力把调研成果转化为领导决策，并主动与相关部门衔接，督促检查领导批示和报告所提意见、建议的落实情况。对已经落实的，要总结经验，对没有落实或落实不到位的，要查找原因，提出改进措施，持续追踪成果转化和问题解决情况。

（二）经专报呈送，转化成政策措施

重要的调研成果，可以各级人民代表大会议案建议、政治协商会议提案、大会发言和社情民意信息专报等多种形式报送给党委、政府或提请有关会议审议。其中提出的可行性对策建议，将有效转化为相关政策措施，或成为各级各类议事决策机构制定、优化、调整政策法规、制度规定等的重要依据。

（三）经媒介发表，成为示范样本

调研报告的范围涉及社会各个领域，就某个具体问题开展的调研可能具有很强的典型性，对全局性工作的推动能发挥以点带面的促进作用。这类调研报告经由媒体记者执笔采写或通过专刊专栏形式进行全文刊载，是向受众传递信息的有效媒介，更是引导公众思考的重要工具。调研报告所提供的信息和观点，通过媒体广为传播，可以使典型经验供同行参阅、新生事物向社会推介、焦点问题引起人们反思，对经济社会发展进步起到重要的推动作用。例如，近年来《人民日报》发布了许多关于我国经济发展、社会治理、科技创新等方面的调研报告，这不仅是调研成果的发布，更是对现状的客观反映、对问题的深入思考，将问题的本质和成因进行分析，为推动共性问题解决、面上工作开展提供了有益借鉴，具有重要的参考价值和示范意义。

此外，不少机关、行业还会通过举办发布会、交流会等形式来扩大调研成果的影响范围。例如，国家发展和改革委员会举办第32期"求是论坛"暨2023年春节假期优秀调研报告分享会，与会干部职工围绕经济社会热点难点问题介绍假期社会调查研究取得的成果。广东省围棋协会于2023年4月召开了《广东省围棋行业调研报告》发布会，北京师范大学中国文化国际传播研究院、《现代传播》杂志社共同举办了《中国电影国际传播长效影响力研究——2022年度中国电影国际传播调研报告》发布会。

（四）经出版发行，固化成经验成果

将调研报告及相关资料汇编成册、结集出版发行，是推动调研成果广泛应用、更好惠及更多群体的有益途径。例如，为向非洲系统介绍中国脱贫减贫工作的经验和具体做法，中国非洲研究院组织国内减贫问题相关研究专家共同开展深度调研，完成了湘西、临沧、延安等11个贫困地区脱贫减贫的典型案例，通过具体实践和案例讲述各地以基础设施扶贫、产业扶贫、金融扶贫、教育扶贫、健康扶贫、生态扶贫、社会保障兜底等措施实现脱贫减贫的历程和成就，最后构成了一套总报告《脱贫攻坚调研报告——中国的脱贫之道》及11本分报告相结合的比较完整的中国脱贫攻坚系列调研报告，以中英文两种文字结集出版发行，全面展示了中国脱贫减贫历史进程，达到了向世界讲好中国脱贫攻坚故事、为解决全球贫困治理提供鲜活案例的效果。又如，结合学习贯彻习近平新时代中国特色社会主义思想主题教育开展，湖南省国资委组织深入企业基层调研，收集一线数据，取得明显成效，形成19篇调研报告，并编印了《主题教育调研报告汇编》，有效推动了各企业互学互鉴、第一批主题教育走深走实，也为第二批主题教育高质量开展提供了参考。

总之，调研报告写作是一项系统工程，衡量调查研究搞得好不好，不是看调查研究的规模有多大、开展时间有多长，也不是光看调研报告写得有多精彩，关键要看调研成果运用得怎么样，看能不能把问题解决好。希望在全党大兴调查研究之风的推动下，有越来越多的务实调研活动持续深入地开展起来，有越来越多的高质量调研报告呈上决策者的案头，也有越来越多的真实问题反映和有益对策建议进入党委、政府和各级各类单位的工作议程或决策程序，成为指导实践、推动工作的有力法宝！

# 第八章
# 调研报告例文及赏析

　　文无定法，文无止境。调查研究是谋事之基、成事之道，调研报告是辅助决策之器、指导工作之方。一篇优秀的调研报告，往往既有清晰明了的脉络结构，又有丰富翔实的素材内容；既有生动鲜活的典型事例，又有通俗易懂的平实语言；既客观真实地揭示问题现状，又针对性地抛出解题良策；既注重语法、修辞和逻辑，又讲究文风、体例和格式，读起来如行云流水、浑然天成。反映现状部分能给人以很强的画面感，揭露问题部分能让人深感切中肯綮，总结经验部分能令人如沐春风，对策建议部分能使人眼前一亮，最终为解决问题、推动发展服务。这里撷取两篇经典调研报告例文，供大家参阅。

【例文 1】

## 高举旗帜聚思想　凝心铸魂强根基
### ——新时代党的创新理论武装工作调研报告

于　丽　王孟秋

　　新时代党的创新理论深入人心，闪烁真理光芒的思想旗帜引领信心。学习贯彻习近平新时代中国特色社会主义思想主题教育正在火热开展，为推动主题教育取得实效，响应党中央大兴调查研究号召，充分发挥党刊的思想引领力、理论阐释力、现实感召力，我们围绕"新时代党的创新理论武装成效、问题和对策"这一主题，先后前往四川成都、绵阳、眉山等市县，复旦大学、华东师范大学等高校开展实地调研，与当地宣传部门、社科联负责人、理论宣讲工作者、高校师生进行座谈交流，形成了本调研报告。

## 一、新时代党的创新理论武装工作经验做法

党的十八大以来，各地高举习近平新时代中国特色社会主义思想伟大旗帜，深入开展党的创新理论研究阐释，广泛组织理论学习，创新开展理论宣讲，新时代党的创新理论武装全面加强，意识形态领域呈现向上向好的态势，并在实际工作中积累了许多可操作、可复制、能推广的经验做法。

**突出顶层设计，健全体系机制，理论学习制度化规范化。**我们党历来高度重视理论学习和运用党的创新理论成果武装头脑、教育人民。党的理论武装是一项系统性工程，需要通过加强和完善顶层设计来整体推进。各级党委（党组）切实发挥牵引带动作用，高举习近平新时代中国特色社会主义思想伟大旗帜，建立健全理论学习制度机制，推动了新时代党的创新理论武装往深里走、往心里走、往实里走。四川省委高度重视顶层设计和示范引领，理论学习中心组坚持把学习党的创新理论作为"第一议题"，省委主要负责同志指导制定年度学习计划和月度专题学习方案，各成员在学习中突出主题、把握重点，确

保学出理论味道、学出工作成效。在省委理论学习中心组的示范带动下，各市州普遍形成了"1+1+6"理论学习中心组学习体系，即成立1个由市委书记任组长的工作领导小组；建立1套"述学、评学、督学、考学"机制，完善党委（党组）理论学习中心组列席旁听制度、测评制度等；明确集中研讨学、专家辅导学、创新实践学、列席旁听学、网络平台学、宣讲调研学6大学习路径。复旦大学、华东师范大学党委大力推动科学合理的学习体系、课程体系、学习机制设置，结合重大时间节点开展专题学习教育，引领党员干部、广大师生深刻领悟"两个确立"的决定性意义，增强"四个意识"、坚定"四个自信"、做到"两个维护"。

**创新工作举措，打造特色品牌，理论宣传大众化特色化。**党政机关、高等院校、科研院所等不断丰富宣传手段，做好党的创新理论的社会宣传和网络宣传，强化和改进对外宣传，推进党的创新理论国际传播，生动阐释习近平新时代中国特色社会主义思想，使党的创新理论宣传深入透彻、生动鲜活，有效增强了政治认同、思想认同、理论认同和情感认同。四川注重文化加持，将党的创新理论宣传与本地丰富文化资源相结合；注重技术赋能，将党的创新理论宣传与新场景新技术相结合；注重日常融入，将党的创新理论宣传与人民群众幸福美好生活相结合。沐川县以山歌形式制作的党的创新理论宣讲短视频《竹乡山歌颂党恩》等把党的"好声音"传遍巴山蜀水。绵阳市"5·12"汶川特大地震纪念馆充分发挥教育、纪念、展示、科研、宣传5大功能；石椅村在历届党支部的带领下，保护传统文化，开发非遗产品，走上了致富道路，这些都是阐述中国特色社会主义制度优越性的生动载体。复旦大学新时代上海高校党建创新实践基地是展现高校党建创新实践成果、开展创新理论武装的重要平台；海外中共学研究中心在对外宣传阐释习近平新时代中国特色社会主义思想中发挥着积极作用，成为向世界讲好中国故事，讲好中国共产党故事，讲好新时代故事的重要窗口。

**重视队伍建设，选育优秀人才，理论宣讲分众化互动化。**党的创新理论武装有效开展，需要依靠政治过硬、本领高强、求实创新的宣传思想队伍。聚焦对象化、分众化、互动化、网络化宣讲需要，各地组建了由领导干部、专家学者、"五老"人员、道德模范构成的专兼结合宣讲队伍。同时，还积极打造云端传播的"指尖宣讲团"和深接地气的群众宣讲团，组建了网络宣传队伍和乡土名家队伍。四川重视宣讲队伍建设，先后将政治素质强、理论水平高、表达能力好的专家学者及各行各业的优秀人才、先进典型等纳入宣讲人才库。加大宣传骨干培训力度，采取走出去、请进来，请上来、走下去等方式，组织开展了专业培训、以会带训、活动促训等系列活动，促进宣讲员增加信息量、拓宽知识面、提高表达水平和解疑释惑能力。此外，还通过举办各类基层理论宣讲大赛，积极选拔锻炼了一大批基层理论宣讲人才；通过实施基层理论宣讲"一地一品"示范项目建设，培育打造出"德古彝汉双语"宣讲团，"干惊天动地事、做隐姓埋名人"绵阳"两弹一星"精神宣讲团，"巴山挎包""鸽鸽讲堂"宣讲队等一批具有较高知名度和广泛影响力的优秀理论宣讲团队。绵阳市北川羌族自治县组建"羌山雄鹰"宣讲队，说"羌语"、唱"羌歌"、跳"羌舞"，将习近平总书记的关怀和嘱托传递到群众心中。华东师范大学结合新时代大学生特点及媒体融合规律，邀请各专业各领域专家学者开展宣讲；遴选不同学科、不同阶段大学生代表，结合学科背景及个人成长经历开展宣讲。宣讲队员行走在田间地头、深入基层社区，用群众喜闻乐见的形式、生动鲜活的语言、可学可用的典型案例、同频共振的感受有效推进了基层理论武装工作。

**加强全面保障，整合各类资源，理论武装常态化长效化。**党的创新理论武装是一项整体性、关联性工程，需要从资金、技术、阵地等方面予以综合保障。各级党委（党组）加大资金投入，改进技术手段，重视宣传教育场所和传播阵地建设，建强用好各级融媒体中心，整合"台、网、微、屏、端"等媒介，打造立体化、多元化的信息传播矩阵，以权威信息发布教育引导群众、凝聚群众，推动了党的创新理论武装常态化、长效化开展。四川将理论武装抓常与抓长相结合，各地通过加大资源投入、加强部门协作，构建了党的创新理论武装工作整体格局。四川省委宣传部发挥统筹协调作用，省社科联面向全国征集研究阐释党的二十大精神、研究阐释习近平总书记来川视察重要指示精神等社科规划重大项目，吸引全国知名专家学者揭榜挂帅，以此提高党的创新理论研究阐释水平。成都市打造"学习强国"主题街区和110个学习小站，将"学习强国"海量资料从线上落地到线下，推动党的创新理论融入城市氛围、融入市民生活、走到群众身边，打造群众家门口的理论学习阵地。遂宁市打好"主阵地＋宣讲点＋特色阵地"组合拳，建成各类固定宣讲点、流动宣讲示范点、特色宣讲阵地近3000个。宜宾市长宁县成立"竹乡先锋"宣讲队，组建了理论政策、法律法规、乡村振兴、旅游文化等8支宣讲小分队，县财政每年投入 16 万元保障宣讲。绵阳师范学院融合课程教学、科学研究、服务社会三大主体责任和功能，统筹教学、科研和宣讲资源，着力在"统、融、深、新"上下功夫，多措并举构建"大思政课"体系。

## 二、党的创新理论武装工作存在的主要问题

调研中我们深切感受到，各地高举习近平新时代中国特色社会主义思想伟大旗帜，自觉肩负新时代宣传思想工作使命任务，持续深入推进党的创新理论武装工作，取得令人振奋的成就。但不容忽视的是，基层在对党的创新理论的认识、学习、宣讲和贯彻落实上还存在一些短板弱项，亟待梳理细化并切实加以解决。

**一是思想认识不够到位，理论学习的积极性主动性有待增强。**部分党员干部对党的创新理论武装工作的重要性、必要性认识不到位，理论学习氛围不浓，应付式、程式化开展理论学习多，深入交流研讨少，对党的创新理论的内涵外延认识不够清晰、把握不够精准。

**二是组织领导不够有力，理论武装的全域性均衡性有待提升。**有些党组织主体责任发挥不充分，对理论武装工作不够重视，不区分学习群体，导致区域之间、城乡之间、行业之间和部门之间存在理论武装水平不平衡问题。个别地方宣讲机制不够顺畅和完善，部门协作不到位。

**三是形式载体不够丰富，理论宣讲的创新性特色性有待深化。**随着信息传播手段迭代更新，广大党员干部、人民群众对理论宣讲内容、形式和层次提出了更高要求。但很多基层单位依然习惯于扮演"录音机"角色，照本宣科，不分场合和对象进行"灌输"，宣讲内容单调、

方式单一，不够接地气，宣讲形式、载体和场景有待丰富和拓展。

**四是学用结合不够紧密，理论贯彻的针对性实效性有待提高。**党的创新理论真正走心走实、转化为"三个认同"还有待加强；理论的指导作用发挥不够充分，各地自觉运用习近平新时代中国特色社会主义思想的世界观和方法论指导实践成效不够显著，对标中央的要求还存在差距。

**五是人才建设不够扎实，基层队伍的专业性稳定性有待改善。**区县宣讲人员力量薄弱，学懂弄通党的理论、群众话语和传播规律的复合型宣讲人才匮乏。同时，基层理论宣讲队伍多为兼职，由本地各行各业优秀代表抽调组成，宣讲能力参差不齐，囿于理论水平、知识结构，有的宣讲广度和深度与群众的期盼还存在差距，宣讲效果不够好。

**六是课程配套不够及时，高校阵地的前沿性传播力有待加强。**目前高校虽已普遍开设习近平新时代中国特色社会主义思想概论课程，但尚无权威的配套教材和教辅资料，教师授课不够精准，学生常以网上资料作为完成作业和考试的标准。习近平新时代中国特色社会主义思想博大精深，内容涵盖改革发展稳定、内政外交国防、治党治国治军等方方面面，授课教师大多来自马克思主义理论和中共党史党建等学科，他们不仅需要及时更新研究领域的前沿知识，还需要储备大量非专业领域知识。这对教师的综合素质、人员配比等提出了更高要求。

## 三、坚持不懈用党的创新理论武装头脑、指导实践、推动工作

党的二十大对如何推进新时代党的创新理论武装工作做出全面部

署，明确提出要"健全用党的创新理论武装全党、教育人民、指导实践工作体系"，这为加强新形势下党的创新理论武装工作指明了前进方向。

**提高思想认识，加强组织领导，夯实党的创新理论武装思想自觉行动自觉。**要引导广大党员干部深刻认识推进党的创新理论武装是全党统一思想、统一意志、统一行动的必由之路，增强高举旗帜、用党的创新理论武装头脑的政治自觉、思想自觉、行动自觉，营造全党学理论、用理论的浓厚氛围。各级党委（党组）要强化顶层设计，制定加强理论武装工作实施细则，从组织领导、工作开展、经费保障、评优评先等方面明确政策要求，加大对理论武装工作的支持力度，让基层开展理论武装工作有章可循、有据可依；要构建党的创新理论武装区域联动、协作、共享机制，推动各类相关教育资源共享，探索党政机关、高等院校、科研院所等相互"借智""借力"有效举措，实现区域之间、城乡之间、行业之间和部门之间理论武装水平更加均衡发展。

**深化理论研究，推动理论转化，提升党的创新理论的先进性指导性。**要引导广大党员干部用科学的态度对待马克思主义，持续推进马克思主义中国化时代化，善用马克思主义立场观点方法分析问题、指导实践，拓展理论新视野、作出理论新概括；深入挖掘和提炼中华优秀传统文化的精神标识和最具当代价值、世界意义的文化精髓，推动马克思主义与之相结合，构建具有中国底蕴、时代特色的当代中国马克思主义思想体系和话语体系；通过对党的指导思想、创新理论的学理化阐释、学术化表达，增进其科学性和先进性，有效发挥其科学指引作用；坚持"学思用"贯通、知信行统一，结合工作实际推动理论活化，用党的创新理论解决问题、指导实践，把学习成效转化为谋划推动工作的思路举措、生动实践。

**坚持面向基层，丰富宣讲载体，增强党的创新理论的吸引力感染力。** 做好新时代党的创新理论武装，需要分众化、差异化、全覆盖拓展和丰富宣讲形式、载体和场景，让理论武装插上数字时代的翅膀。广大党员干部要讲群众听得懂、听得进的话语，避免出现"一个调""一锅烩""一头热"等情况。充分发挥各类革命展览馆、博物馆、纪念馆等公共文化场所的阵地作用，组织开展党的创新理论、形势政策宣讲和志愿服务活动，在服务群众中传播思想理论。根据不同群体的认知特点和接受习惯，推出有针对性的理论宣传产品，把科学理论转化成群众喜闻乐见的文艺作品，把理论话语转化为网言网语，转化为微视频、动漫、有声读物等信息产品，让党的创新理论传播更具吸引力、感染力和穿透力。

**选育优秀人才，加大培训力度，推动党的创新理论武装高质量发展。** 要动态更新宣讲人才库，配齐配强直接面对基层干部群众传播新思想新理论的基层宣讲员，形成从理论名师、宣讲名嘴到接地气的基层宣讲员的宣讲梯次队伍，着力改变基层宣讲力量薄弱、配套资源短缺、宣讲水平不高的现状。结合宣讲工作实际，依托高校、党校、融媒体中心和新时代文明实践中心等阵地，做好宣讲队伍的业务培训、学习充电，打造符合教学规律、宣传思想工作规律的配套课程和教材教辅资料，高质量、成体系推出包括新闻宣传、理论文章写作、理论宣讲技巧、短视频制作等具体业务在内的培训内容和课程体系，有针对性地提高基层理论宣讲、高校思想政治教育工作质效，提升专兼职理论工作者、宣讲员政治素养和党的创新理论水平，更好完成新时代党的创新理论武装工作使命任务。

〔来源：于丽，王孟秋．高举旗帜聚思想 凝心铸魂强根基——新时代党的创新理论武装工作调研报告〔J〕．党建，2023（5）.〕

【赏析】

这是一篇反映情况类的调研报告。报告标题采取正副标题式，正标题"高举旗帜聚思想 凝心铸魂强根基"揭示调研主旨，副标题"新时代党的创新理论武装工作调研报告"标明调研对象。报告正文聚焦新时代党的创新理论武装工作在基层贯彻落实情况这一主题主线，从成效、问题和对策三个维度详细展示了四川成都、绵阳、眉山等市县和复旦大学、华东师范大学等高校，在党的创新理论的认识、学习、宣讲和贯彻落实上积累的经验成果、存在的短板弱项，以及调研组围绕调查实际就新形势下如何坚持不懈用党的创新理论武装头脑、指导实践、推动工作所做的深度思考和合理建议。细细品读，可以体会出其中的多个"好"。

**一是选题方向好。**好在这篇调研报告的主题紧密呼应当前时事热点，瞄准基层工作难点。在全党全国深入开展学习贯彻习近平新时代中国特色社会主义思想主题教育的大背景下，党的创新理论武装工作要怎么做、如何做得更有成效，这是各级各类组织特别是基层组织和广大党员干部十分关注和亟待求解的话题。在这个特殊节点，四川省中国特色社会主义理论体系研究中心、四川省社科联与中宣部《党建》杂志社联合开展针对性的调查研究，既是对党中央大兴调查研究号召的积极响应，充分发挥了党刊在推动主题教育取得实效上的思想引领力、理论阐释力、现实感召力，又给社会各界提供了一个更好交流经验做法、认识问题不足、探讨改进思路的平台，可谓下了一场"及时雨"，让人读了很解渴、很受益。

**二是选材用材好。**这篇调研报告 5000 余字，花了约 70% 的篇幅呈现基层推进新时代党的创新理论武装工作的现状，无论是"经验做法"部分还是"存在问题"部分，选材都是来自基层的鲜活事例，可以说是对被调研单位的工作"画像"，丰富饱满，有血有肉，生动形象，真实可信，具有很强的说服力和感染力。这些素材，既反映了"各地"面上的总体情况和共性特征，也介绍了众多调研点位的独特做法和个性特征。

从调研范围的选取来看，访谈交流对象很有典型性、代表性。其中，既有西部地区单位，也有东部沿海地区单位；既有党政机关，也有高等院校、理论研究机构，党政机关代表的选取从省级、省会城市、地州市到县级、村级均有覆盖，既实地走访了当地宣传部门、社科联负责人，也与理论宣传工作者、高校师生座谈交流，一定程度上实现了纵向到底、横向到边。

从各地经验做法素材的选用来看，调研组也特别注重辐射范围和区域分布的均衡性，让被调研的各地各单位都有"露脸"的机会，且没有过于突出某地、顾此失彼之嫌。四川省委宣传部、省社科联、成都市、遂宁市、乐山市沐川县、宜宾市长宁县、北川县石椅村、绵阳市"5·12"汶川特大地震纪念馆、华东师范大学、复旦大学新时代上海高校党建创新实践基地、海外中共学研究中心、绵阳师范学院等地方和单位各具特色的亮点举措和鲜活场景，诸如"1+1+6"理论学习中心组学习体系、"巴山挎包""鸽鸽讲堂"宣讲队、"学习强国"主题街区、"主阵地＋宣讲点＋特色阵地"组合拳等，逐一"登台亮相"，一系列可操作、可复制、能推广的工作经验成果通过调研报告的承载和权威期刊的刊发实现了"墙内开花墙外香"。

　　**三是选词炼句好**。通观全文，我们可以明显领略到这篇调研报告从标题到正文都蕴含着调研组成员深厚的理论造诣和扎实的文字功底。无论是大小标题凝练还是修辞、句式运用，都体现了调研报告写作过程的精雕细琢、专业专注、用心用情。"经验做法"四个方面的总结阐述，采取整齐划一、颇具气势的"动宾短语＋主谓短语"句式结构，将理论学习、理论宣传、理论宣讲、理论武装的"八化"效果展现得淋漓尽致；"存在问题"部分用"六个不够""六个有待"高度概括了被调研单位在推进党的创新理论武装工作中存在的主要短板弱项，表述上打磨精致工整，让人记得住、易理解，也便于后续对照改进；"对策建议"部分四个小点通过"措施＋目的"的工整句式，让读者清楚明白"怎么做"，有效增强了表达效果和指导价值，既与"存在问题"部分揭露的短板弱项形成了呼应，又是对党的二十大提出的"健全用党的创新理论武装全党、教育人民、指导实践工作体系"重要命题的有力回答。

【例文 2】

# 坚决惩治群众身边的"蝇贪"

## ——关于部分县级纪委监委整治损害群众利益腐败问题情况的调研报告

### 中国纪检监察学院北戴河校区调研组

党的二十大报告强调，坚决惩治群众身边的"蝇贪"。二十届中央纪委二次全会指出，要"坚决整治各种损害群众利益的腐败问题""坚决惩治群众身边的'蝇贪'，着力消除基层消极腐败现象"。为深入了解县级纪委监委贯彻落实党的二十大精神和二十届中央纪委二次全会关于惩治"蝇贪"工作的有关情况，中国纪检监察学院北戴河校区以举办县级纪检监察机关有关培训班为契机，通过组织参训学员座谈、个别访谈、分析研究学员提交的专门材料等方式对基层纪检监察机关惩治群众身边"蝇贪"工作情况进行了调研。

## 一、部分县级纪委监委惩治"蝇贪"工作的探索实践

调研了解到，2023 年以来，县级纪委监委能够认真贯彻落实党的二十大精神和中央纪委二次全会部署，坚持以人民为中心，聚焦群众"急难愁盼"问题，聚焦直接关系民生福祉的行业领域，聚焦严重侵害群众切身利益的人和事，深化整治群众身边的不正之风和腐败问题，以惩治"蝇贪"促进发展成果真正惠及广大人民群众。

**明晰权力清单，厘清权力边界。**部分县级纪委监委通过逐一明确

基层小微权力事项，厘清了权力边界，细化了运行流程，保证了权力的公开运行。四川省自贡市大安区纪委监委围绕惠民政策资金、财务管理、非生产性开支、村级工程项目建设、"三资"管理等问题，建立权力事项、运行流程、服务规范"三张清单"，推行提议、审查、讨论确定、公开、质询答复、建档"六步工作法"，通过会议公开、入户公开、媒体公开等多种渠道，为干部行使管事、管物、管钱的权力贴上"说明书"，为群众办事提供"明白卡"。河南省浚县纪委监委围绕村级重大事项决策、宅基地审批、农村危房改造、低保五保申办等事关群众切身利益的 27 项事项，厘清村级权力清单，绘制权力运行流程图，通过建立手机微信群、使用公示栏、印发"明白纸"等方式向群众公示公开。云南省梁河县纪委监委为村（社区）干部量身订制"四议两公开"议事决策事项清单、履行职责清单和负面清单，既规范了小微权力运行，也为全面监督村（社区）干部履职用权提供了有力抓手。

**建立长效机制，扎紧制度篱笆**。制度是管根本、管长远的。调研了解到，县级纪委监委高度重视制度建设，对监督检查过程中反复出现、普遍发生的共性问题，能够及时找准症结、堵塞漏洞、完善机制，有效防控廉政风险。山西省岚县纪委监委督促各行政村制定《集体"三资"专项整治工作方案》，实行集"三资"全面监管、审批监督、信息公开等功能于一体的责任运行机制，实现资金入账管理、资产台账管理、资源透明流转。甘肃省玉门市纪委监委制定并完善《"一把手"和领导班子监督的若干措施》《村党组织书记、村委会主任"一肩挑"运行监督办法（试行）》等制度机制 40 余项，初步达到了"强内控、堵漏洞、防风险"的效果。河北省威县纪委监委督促县农业局等成员单位对"三资"工作建立常态化监管机制，制定并完善村财务预决算制度、货币资金管理制度、票据管理制度、债券债务管理制度等 20 余项监管制度。

**加强系统联动，整合监督力量。**调研了解到，县级纪委监委高度重视监督力量整合，对内采取"室组地"联动，整合人员力量，对外积极与公检法、审计等部门沟通协调，加强信息共享。安徽省望江县纪委监委坚持"室组地"联动，按照"区域就近整合、便于开展工作"的原则，将各乡镇纪委划分为 3 个协作区，与乡镇纪检监察工作室一一对应，形成全县"一盘棋"的工作格局。广东省龙门县纪委监委积极探索形成"县纪委班子＋监督室＋乡镇（街道）纪（工）委＋村（社区）监督站＋村务监督委员会＋基层群众"的联动监督格局，打造县、镇、村三级联动协作配合机制，发挥村（社区）监督站"贴身监督"的天然优势，聚焦乡村振兴、民生领域等突出问题开展专项监督检查。河南省信阳市浉河区纪委监委建立联合监督检查机制，抽调区农业农村局、民政局、财政局等单位精干力量参与专项监督，充分发挥专业优势，通过部门联动凝聚合力。

**聚焦重点项目，探索提级监督。**县级纪委监委紧盯"重点名单"、进行动态更新，采取提级监督持续为监督"加码"，打通监督"最后一公里"。山东省枣庄市山亭区纪委监委以公众号为载体，发布提级监督公告，公布 5 种举报方式，督促提级监督试点村（社区）及时将"三资"清理、财务收支等情况张贴至公示栏，保障群众知情权、参与权和监督权。宁夏回族自治区盐池县纪委监委深化运用村（社区）"提级监督"，确定 20 个集体经济体量大、资金密度高、工程项目多的村为 2023 年提级监督村（社区），县纪委监委班子成员聚焦 15 项重点监督内容，分片包抓带头落实，确保县级监督力量向基层延伸。浙江省宁波市海曙区纪委监委探索对"三资"规模较大的村（社区）党组织负责人开展"提级监督"，通过听取报告、约谈提醒、监督执纪、问题督改等方式，缩减监督层级，加大监督力度。

**打造数据平台，开启智慧监督。**县级纪委监委通过探索搭建智慧监督平台，积极打造指尖监督，以数字赋能提升监督质效。贵州省大方县纪委监委运用"群众点题监督大数据平台"公示惠民惠农资金，群众在平台内输入身份证号即可查询本人享受的惠民政策及资金发放情况，实现监督智能化、精准化。湖南省攸县纪委监委在全县 297 个村（社区）全覆盖建立"幸福株洲"监督和服务村级微信群 512 个，并与小微权力"监督一点通"平台系统整合，进一步畅通民生诉求和问题反映渠道，打通基层监督与服务群众"最后一米"。

**下沉一线监督，畅通信访渠道。**县级纪委监委通过积极主动下访、开展广泛宣传等多种方式，努力把信访工作做到群众心坎上，为精准有效监督提供有力支撑。湖南省涟源市纪委监委实行领导班子成员联系指导基层监督制，分片区下沉乡镇接访，纪检监察干部"带着板凳"下乡，"三多"信访积案由委领导班子成员、协管领导进行包案领办，通过带案下访、蹲点调研，对照监督清单逐项督导，帮助群众解决实际困难。湖北省潜江市纪委监委开设"扶贫及民生领域违规违纪问题举报直通车"，在"清风潜江"微信公众号开通"我要举报"功能，畅通举报渠道。

## 二、当前惩治"蝇贪"工作存在的主要问题

总体来看，县级纪委监委能够认真贯彻落实中央纪委二次全会要求，自觉加大惩治群众身边"蝇贪"工作力度，从严查处"蝇贪""蚁腐"问题，取得了一定成效。但通过调研也了解到惩治"蝇贪"工作仍存在一些问题。

**主体责任落实不到位。** 有的党组织对整治损害群众利益的腐败问题重部署、轻落实，在推动解决"微腐败"问题上缺乏有效举措，权力监督制约机制不够健全。一些乡镇党委视经济、社会、民生等为"硬指标"，视党风廉政建设、干部教育管理监督为"软指标"，对干部的教育引导不够，致使干部把议事规则当儿戏，把财务管理、政（村）务公开当摆设。一些乡镇、部门（单位）思想认识不足、责任担当缺位，"一把手"履行主体责任、班子成员落实"一岗双责"不到位，压力传导层层递减、问题整改质效不高等问题还不同程度存在。

**政务公开不全面、不及时、不彻底。** 有的村主要负责人怕"晒"出问题，仅避重就轻地将一些无关紧要的内容进行公示，而对于土地征收流转、村级财务支出、农村低保医保、"三资"管理使用、征地款发放等群众关心的热点问题公开不及时，致使缺失必要的群众监督。有的地方落实"四议两公开"等民主决策程序还存在不到位问题，财务管理不规范导致小微权力失范，使党的惠民惠农政策、项目、产业资金成为别有用心之人眼中的"肥肉"。

**监管体制机制仍需完善。** 受体制机制影响，部分基层权力的监督仍处于"上级太远、同级太弱、下级太难"的尴尬境地，致使一些重

点领域、重点岗位的权力得不到有效监督和制约，责任虚置、制度空转等现象均不同程度存在。有的基层"人治"与"法治"并存问题比较突出，在事关群众利益的审批、资源分配、民生福利等事项中，村（社区）干部往往拥有绝对话语权，部分基层干部利用监督制约机制漏洞以权谋私。将制度优势转化为治理效能还有待进一步深入研究探索，重点领域权力监督制约仍存在薄弱环节，针对典型案件暴露出的问题和根源，在规范权力运行、堵塞制度漏洞等方面尚需进一步完善。

**监督方式方法有待创新。** 有的地方监督检查大多依赖于看资料、查账目等传统手段，运用大数据的方式比较欠缺，对财务、招投标等领域的专业知识掌握不够，对隐形变异问题应对办法不多，监督精准性有待提高。有的地方监督重点不突出，存在"眉毛胡子一把抓""老虎吃天无从下口"的问题。有的县级以下纪检监察机关（机构）在监督方法上存在路径依赖，面上了解多，深入解剖少，离开问题线索就不会监督。

**监督工作合力尚未形成。** 有的贯通联动巡察、财政、审计等监督力量的主动性不够，统筹运用行业部门监督成果尚未形成有效工作机制，监督质效、综合治理效能还未有效发挥。有的督促乡村振兴、农业农村、审计、财政等部门发挥行业监管作用还不到位，仍存在纪检监察机关"单打独斗"现象，监督合力不强。有的受人员配置、机构设置、方法措施等因素制约，监督触角很难延伸到各个岗位，各监督主体间的联动协作仍需加强，综合优势和整体效应作用发挥不明显。

**干部能力素质亟须提高。** 有的基层干部自身能力素质存在差距，因个人担当意识缺乏而"不敢"、因自身能力不足而"不会"、因思维模式固化而"不想"的问题仍然存在。有的基层纪检监察干部精准发现问题的能力有待进一步提升，突出表现在乡镇、部门纪委同志在环保、工程招投标、粮食、"三资"等领域的知识储备有欠缺，对问题线索开展自主研判及调查处置的能力不足。新形势下纪检监察干部运用法治思维能力、群众工作能力、把握运用政策能力亟待提升，少数乡镇纪检监察干部顾虑多、动力不足，"熟人社会"监督难问题未完全破解。

## 三、惩治群众身边"蝇贪"的对策建议

针对上述问题，结合参训学员提出的对策建议，我们进行了认真分析、深入思考，认为惩治群众身边的"蝇贪"问题既要重拳出击、狠刹苗头，又要久久为功、持续用力。

**坚决压实责任，从严问责追责。**持续加大对"两个责任""一岗双责"落实情况的监督检查，倒逼相关责任人把责任扛在肩上、抓在手上、放在心上。一是坚持党对反腐败工作的集中统一领导，压紧压实政治责任，巩固完善党委牵头抓总、纪律监督督促、部门具体落实、镇村联动推进的工作机制，形成上下联动、横向配合、齐抓共管的良好工作格局。二是强化上级监督，围绕推进乡镇党委主体责任落实，进一步完善对下监督机制，优化上级党委、纪委和主管部门的监督路径，切实将主体责任、监督责任落实到位。三是持续加大问责力度，进一步督促乡镇党委认真落实主体责任，旗帜鲜明、态度坚决地支持乡镇纪委从严监督执纪问责，对不作为、慢作为、乱作为，以及弄虚作假、搞"数字脱贫"等侵害群众利益的行为，严格"一案双查"和

责任倒查，倒逼责任落实。

**健全制度机制，规范权力运行。**制度机制是监督行权的"生命线"，是规范、高效、有效监督的基础。一是扎牢制度"笼子"，在事务公开、流程监管方面加强顶层制度设计，堵住管理漏洞，保障权力健康运行，同时还要完善财政转移支付制度，加强对财政专项资金的监管，规范资金审批、管理、监督等工作流程。二是进一步完善公开公示制度、农村"三资"管理等工作机制和专项行动，围绕"确权、限权、晒权"，用制度管人、管钱、管事，加强基层小微权力清单管理，健全议事规则和工作规则，规范决策程序，明确运行流程。三是健全完善"一把手"末位表态、重大事项票决、批评和自我批评等党内民主制度建设，形成权力相互制衡、相互监督的制约机制，同时探索制度评估机制，对各项制度的执行情况定期评估，不断修改完善，让制度"活起来"。

**突出问题导向，强化监督执纪。**精准把握不同地区、不同领域群众身边的"蝇贪"问题，找准切入点、突破口，深入实际开展专项治理。一是持续加强对惠民富民、促进共同富裕等政策措施落实情况的监督检查，聚焦教育医疗、养老社保、环境保护、村级集体"三资"管理等群众关心的领域，会同有关职能部门，深入开展漠视侵害群众利益问题专项治理，推动解决群众"急难愁盼"问题。二是从困难群众救助资金发放、慢性病卡办理、村集体资金管理等入手，严肃查处贪污侵占、虚报冒领、截留挪用、吃拿卡要、优亲厚友等行为，坚决斩断伸向群众利益的"黑手"。三是深入整治民生领域"微腐败"、黑恶势力"保护伞"、政策落实"绊脚石"，严查快办一批"口碑差、民愤大、反映多"的顶风违纪案件，严肃通报曝光、强化警示震慑效应。

**创新监督方式，凝聚监督合力。** 坚持监督下沉落地，深入基层一线，倾听群众呼声，做到民有所呼、我有所应。一是持续深化监察体制改革，完善"监信协同""监审联动""监警联动"等制度机制，强化监察监督与其他各类监督力量的协同协调，压实相关职能部门主体责任，构建上下联动、横向联通的监督格局，推动及时发现、有效解决群众身边不正之风和腐败问题。二是充分发挥村级纪检委员、廉情监督员"哨站"作用，巩固提升片区协作、"室组地"协作、交叉监督、提级监督等做法，形成监督合力。三是统筹用好检举举报、问题线索管理、党风政风监督、巡视巡察监督数据管理等大数据平台，推进不同监督系统和平台的数据交换，促进各类监督协调协同、贯通融合。

**夯实队伍建设，提升履职能力。** 干部队伍的素质和战斗力高低是决定惩治"蝇贪"是否有效的关键。一是在加强基层纪检监察队伍建设方面持续发力，通过片区一体化管理，有计划地抽调基层纪检监察干部跟班交流锻炼，参与重要执纪审查工作，实战历练外围取证、审查谈话、笔录制作等业务能力。二是不断加强对纪检监察干部业务技能的培训，增强纪检监察干部的纪法水平和调研能力。围绕村务监督委员会职责，有针对性地组织开展政策理论和监督工作业务培训，提升村监委会主动监督的能力和水平，让"最后一公里"末梢神经的监督更加有力。

〔来源：中国纪检监察学院北戴河校区调研组. 坚决惩治群众身边的"蝇贪"——关于部分县级纪委监委整治损害群众利益腐败问题情况的调研报告. 中国纪检监察，2023（16）.〕

**【赏析】**

这是一篇以揭露问题为主的调研报告。报告站位高、视野广、功力深，政治性、政策性、思想性、指导性都很强，值得仔细琢磨研究。全文 5000 余字，语言平实而不平淡，内容丰富而不芜杂，通读下来流畅明快，具有较强的参考借鉴价值。

该调研报告在选题原则方面把握得恰到好处，既坚持聚焦问题，将调研的焦点对准人民群众密切关注的腐败问题和不正之风；又坚持落小落细，调研对象选取发生在群众身边而又不可小觑的"蝇贪蚁腐"惩治，调研范围缩小至县级纪委监委机关，调研成果很好地体现了以小见大、以点带面的效果。

标题"坚决惩治群众身边的'蝇贪'——关于部分县级纪委监委整治损害群众利益腐败问题情况的调研报告"，由主副标题构成，主标题鲜明亮出调研的主旨观点，铿锵有力，掷地有声；副标题陈述调研范围、对象和文体，简洁醒目，具有较强的吸引力，使人迫切想一睹为快。

导语部分简要交代了该专题调研的宏大背景，即贯彻落实党的二十大精神和二十届中央纪委二次全会"坚决惩治群众身边的'蝇贪'"有关部署要求；介绍了调研目的、组织单位、调研地点、调研方式、调研对象。虽然只有寥寥数语，却将专题调研组深入县级纪检监察机关有关培训班，与来自全国各地的基层纪委监委机关干部学员拉家常式的调研场景，鲜活地呈现在受众面前。特别是"组织参训学员座谈、个别访谈、分析研究学员提交的专门材料"等调研方式，画面感都很强，俨然一幅"送上门来的调研图"。

正文分为"探索实践—存在问题—对策建议"三大部分，标题简洁明了，结构清晰严谨，内容有血有肉，文风清新朴实，用词恰如其分。通篇没有多余冗杂的层次，且篇幅大体相当、比例匀称。

"探索实践"部分采取总分式，介绍了部分县级纪委监委惩治"蝇贪"工作的探索实践，帽段总括式阐述了县级纪委监委惩治"蝇贪"工作的基本情况，从六个维度具体呈现了被调研单位在惩治"蝇贪"方面的典型经验和特色做法。在介绍经验做法时，注重共性与个性兼顾、举措与成效结合，既有鲜活案例，也有统计数据，可读性、说服力皆具，让受众从部分县级纪委监委的工作实践中"窥一斑而知全豹"，可以据此对全国各地县级纪委监委的总体情况、普遍做法有个基本了解。

"存在问题"部分用高度凝练的语言，阐述了当前惩治群众身边"蝇贪"工作亟待解决的六个方面的问题——主体责任落实不到位，政务公开不全面、不及时、不彻底，监管体制机制仍需完善，监督方式方法有待创新，监督工作合力尚未形成，干部能力素质亟须提高，从体制机制、工作方法到能力素质，从宏观到微观，逻辑严密、剖析到位。罗列出来的问题具有很强的现实针对性，没有虚头巴脑的空话套话，描述客观，直指人心，让人一看即知确属"非解决不可的问题"。

"对策建议"部分既有高度，又有深度，注重可操作性和复制推广价值。提出对策的方式摆脱了有些调研报告"一个问题对应一个方策"的套路，另选维度全面回答了第二部分反映的需要解决的问题。小标题提炼讲究表达效果和技巧，采取"措施＋目的"的结构形式，较好地表达了调研成果的主要观点。五个层面的对策论述，层层有序推进、环环紧密相扣，对于在更大范围推动惩治群众身边的"蝇贪"工作具有很强的指导意义。

# 附　录
# 不同类型的调研报告模板

类型一　反映基本情况的调研报告

## 模板 1
### 关于山西省直机关思想政治工作的调研报告

一、主要做法与成效

（一）开展大学习、大宣讲，筑牢"生命线"

1. 以理论学习淬炼思想

2. 以主题宣讲培根铸魂

3. 以广泛宣传凝心聚力

（二）坚持抓基层、打基础，用好"传家宝"

1. 结合规范化建设狠抓落实

2. 突出问题导向提质增效

3. 抓好典型示范全面推进

（三）注重强制度、建机制，做到"一盘棋"

1. 完善领导体制

2. 探索联动机制

3. 优化考评体系

二、存在问题

（一）与新时代机关党建的深刻变化不相适应

（二）与党员队伍结构的变化不相适应

（三）与科技信息手段的发展变化不相适应

三、原因分析

（一）思想认识不到位

（二）制度执行不到位

（三）做思想政治工作的能力不足

四、对策建议

（一）坚持主线，把牢正确政治方向

1. 持续深化政治机关意识教育

2. 持续深化对党忠诚教育

3. 持续深化党的创新理论武装

（二）激活主体，提升思想政治工作的质量

1. 落实主体责任，解决"不重视"的问题

2. 提升能力素质，解决"干不了"的问题

3. 聚焦每名党员，解决"局外人"的问题

（三）掌握主动，创新工作方式方法

1. 善用新技术

2. 善创新平台

3．善用新招法

〔来源：余国琦．关于山西省直机关思想政治工作的调研报告［J］．中国井冈山干部学院学报，2023（6）．〕

# 模板 2

## 关于江西省促进农民工就地就近就业的调研报告

一、农民工就业基本情况

（一）江西省农民工总体情况

（二）江西省农民工就业情况及特点

1．距离远近是农民工选择外出就业地的重要因素

2．工业园企业情况是农民工留在本地就业的重要因素

3．照顾老人、小孩是农民工留在本地就业的重要原因

4．春节前后返乡返岗周期呈现"双延长"且省内企业用工总量有所下降

二、促进农民工就业工作主要体现在"五个加强"

（一）加强组织领导

（二）加强公共就业服务

（三）加强技能培训

（四）加强农民工返乡创业的支持

（五）加强县域劳务品牌培育

三、促进农民工就地就近就业面临的主要问题是"一突出四偏弱"

（一）农民工就业供需的结构性矛盾仍然突出

（二）本地企业用工薪酬相对偏低

（三）园区配套服务设施相对偏少

（四）有针对性的职业技能培训开展相对偏难

（五）基层为农民工服务力量相对偏弱

四、促进农民工就地就近就业不断推进"四个提升"

（一）提升以县城为载体的新型城镇化建设水平

（二）提升基层服务平台建设水平

（三）提升技能培训效能

（四）提升对农民工基本保障水平和人文关怀

〔来源：柳飞，宋金梅，江庆丰. 关于江西省促进农民工就地就近就业的调研报告［J］. 中国就业，2023（12）.〕

## 类型二　反映典型经验的调研报告

### 模板1
### "富脑袋"＋"富口袋"的示范样板
——河北承德市滦平县古城川村"双富"行动调研报告

一、美丽的蜕变

（一）欣欣向荣的田园气象

（二）蓬勃发展的绿色产业

（三）高效融合的文旅资源

（四）成效显著的乡村治理

二、"四个坚持"共建美好家园

（一）坚持党建引领、共谋发展

（二）坚持凝心聚力、共建家园

（三）坚持培树新风、共享成果

（四）坚持久久为功、共创未来

三、"五个必须"值得推广

（一）必须牢牢把握主线

（二）必须走好群众路线

（三）必须做强共富产业

（四）必须优化基层治理

（五）必须强化党建引领

〔来源：河北省民委主题教育调研组．"富脑袋"＋"富口袋"的示范样板——河北承德市滦平县古城川村"双富"行动调研报告〔J〕．中国民族，2023（9）．〕

## 模板2
### 坚持"事事有回音、件件有落实、效果有闭环"
——关于安徽省全力化解住房城乡建设领域基层
信访矛盾纠纷经验做法的调研报告

一、基本情况

二、典型经验做法

（一）突出"三个坚持"，协同作战聚合力

1. 坚持高位推动

2. 坚持问题导向

3. 坚持联动共治

（二）健全"四个机制"，标本兼治重长效

1. 健全"清单＋闭环"机制

2. 健全"办结＋满意"机制

3. 健全"考核＋通报"机制

4. 健全"倒查＋问责"机制

（三）聚力"五个重点"，推动化解见实效

1. "一案一策"制定化解方案

2. 聚力攻坚房地产开发管理领域

3. 聚力攻坚物业管理服务领域

4. 聚力攻坚城市建设和管理领域

5. 聚力攻坚工程质量安全领域

6. 聚力攻坚建筑市场管理领域

三、行业启示

〔来源：肖正华. 坚持"事事有回音、件件有落实、效果有闭环"——关于安徽省全力化解住房城乡建设领域基层信访矛盾纠纷经验做法的调研报告〔J〕. 城乡建设，2023（24）.〕

## 类型三　推介新生事物的调研报告

# 模板 1
## 群众创造历史　创新引领发展

——从村 BA 村超看西部欠发达地区中国式现代化的生动实践

一、群众创造历史

（一）群众主创，火爆出圈

（二）群众共享，火热传承

（三）群众舞台，火红生活

二、深厚历史底蕴

（一）"顶流"背后的历史密码

（二）精品荟萃的文化盛宴

（三）文旅交融的动人魅力

三、流量带火经济

（一）流量增强动力

（二）品牌激发潜力

（三）经济迸发活力

四、创新引领发展

（一）当好后发追赶者

（二）当好典型实践者

（三）当好创新探索者

1. 在品牌塑造上创新

2. 在产业体系上创新

3. 在业态融合上创新

4. 在乡村振兴上创新

5. 在开放带动上创新

〔来源：贵州日报报刊社调研组. 群众创造历史 创新引领发展——从村BA村超看西部欠发达地区中国式现代化的生动实践 [N]. 贵州日报，2023-09-20.〕

# 模板 2

# 乡村振兴中的青年力量

## ——"洄游"青年返乡发展调研报告

一、"洄游"青年的时代特征

（一）调研发现，返乡已经成为当代青年的从业趋势

（二）电商和短视频成为返乡必备的"工具箱"

（三）返乡原因大多源于城市生活的"祛魅"和"内卷"

（四）坚持留下来的"乡心"在于主人翁意识的萌生

二、当前"洄游"青年面临的问题和困境

（一）创业启动阶段制约因素较多

（二）创业项目同质性较高、系统性不足

（三）农业职业能力亟待提升

（四）缺乏行之有效的管理手段

三、感召青年返乡有待更多要素支持

（一）充分发挥互联网平台"结构洞"的作用，助力"洄游"青年的事业发展

（二）进一步发挥乡村建设带头人、驻村第一书记的影响力，带动更多青年参与乡村振兴

（三）从能力建设和预期引导两个维度着手，为"洄游"青年提供更具针对性的指导

（四）通过前瞻设计、制度托底，解决"洄游"青年返乡的后顾之忧

〔来源：廉思. 乡村振兴中的青年力量——"洄游"青年返乡发展调研报告〔EB/OL〕. 人民论坛，2024（1）.〕


## 类型四　揭露问题的调研报告


### 模板 1
### "四上"企业入规重难点问题调研报告

一、什么是"四上"企业

（一）规模以上工业企业

（二）有资质的建筑业企业

（三）限额以上批零住餐业企业

（四）规模以上服务业

二、望城区"四上"企业基本情况

（一）"四上"企业数量不算少，体量比较小

（二）"四上"企业区域和行业分布情况

（三）"四上"企业增量较小、贡献不大

（四）"四上"企业退库较多、活力不旺

三、入规存在的困难和问题

（一）对"四上"企业重要性的认识站位不高，可持续发展意识不强

（二）工作责任落实不到位，掌握企业信息滞后

（三）基本业务知识不牢，申报资料达不到要求

（四）部分企业考虑税费成本，自主申报意愿不强

（五）部分企业法律意识淡薄，逃避依法统计责任

四、工作对策及建议

（一）努力招优引强，加大企业培育

1. 招大引强，扩充体量

2. 培育本地企业，"强壮筋骨"

（二）构建共享机制，提升部门合力

1. 完善信息共享机制

2. 加强工作统筹

3. 完善激励机制

（三）关注市场主体，激发市场活力

1. 推动个转企、小升规工作

2. 加大协调力度，督促大型企业成立子公司

（四）加大法制宣传，强化企业责任

1. 加大法律宣传力度

2. 开展联合执法行动

〔来源：傅莹．"四上"企业入规重难点问题调研报告〔J〕．中国集体经济，2022（26）．〕

# 模板 2
## "关键小事"调研

——关于虾类苗种质量问题及对策建议的报告

一、南美白对虾和罗氏沼虾养殖产业基本情况

二、虾苗质量存在的主要问题

（一）虾苗品质参差不齐

（二）虾苗出场带病带菌

（三）虾苗市场鱼龙混杂

三、地方虾苗质量管理的经验做法

（一）强化良种培育，以创新驱动解决根源问题

（二）强化健康筛查，以技术手段筑牢安全防线

四、虾苗质量管理亟须解决的问题

（一）苗种病原检测市场监管缺失

（二）苗种生产许可持证率低

（三）现有合规检测资质到期后无法延续

五、对策建议

（一）聚焦"病"的问题，进一步落实苗种检验检疫

（二）聚焦"质"的问题，进一步推动苗种标准化生产

（三）聚焦"种"的问题，进一步探索苗种创新繁育

（四）聚焦"乱"的问题，进一步强化智慧监督监管

（五）聚焦"弱"的问题，进一步培育种业龙头企业

〔来源：韩枫，熊轲，胡元凡，等．"关键小事"调研——关于虾类苗种质量问题及对策建议的报告〔J〕．中国水产，2023（8）．〕